Repères pratiques

La correspondance commerciale française

Liliane Bas

Catherine Hesnard

Nathan

SOMMAIRE

© Nathan 2005 – ISBN 978-2-09-183187-9

Divisé en six parties, l'ouvrage s'organise par doubles pages.
Chaque double page fait le point sur un thème.

à gauche

Une page synthèse apporte toutes les informations pour comprendre le sujet de la double page.

à droite

Une page explication fait le point, précise, illustre.

Le titre de la double page.

Le repérage par thème.

Quelques lignes d'introduction.

Des informations complémentaires, des modèles de lettres.

| CONSEILS GÉNÉRAUX |
| SERVICES COMMERCIAUX |
| SERVICES FINANCIERS |
| **SERVICES ADMINISTRATIFS** |
| RELATIONS HUMAINES |
| DIVERS |

Relations avec les administrations

Le règlement de certains problèmes peut amener l'entreprise à rédiger des courriers qui seront plus adaptés que les imprimés au traitement de ces cas particuliers.

■■■ Objet de la lettre

Les principales raisons pour lesquelles une entreprise peut être amenée à écrire une lettre à une administration sont les suivantes : demandes d'information sur un point de la réglementation relative aux obligations de l'entreprise, demandes d'exécution d'une prestation, réponses à des demandes de justification, mais aussi réclamations et requêtes diverses telles que les demandes de dérogation. Pour cela, l'entreprise va devoir s'adresser soit aux services centraux de l'Administration concernée ou plus généralement aux services régionaux ou locaux.
Si l'on veut que la demande soit traitée avec un maximum d'efficacité, on se limitera à un seul sujet par lettre. On s'efforcera de traiter le sujet avec beaucoup de précision et de clarté sans omettre de préciser l'identification de l'expéditeur. Dans le cas d'une réponse à une administration, on doit rappeler les références figurant sur les lettres auxquelles on répond.

■■■ Plan de la lettre

1. Exposer les faits
2. Développer une argumentation en insistant sur l'origine des faits et les conséquences qu'ils entraînent
3. Faire part de la décision attendue et présenter des remerciements anticipés

■■■ Conseils de rédaction

L'argumentation doit être objective et se référer aux termes de lois en rapport avec son objet. Il est indispensable qu'elle use du vocabulaire approprié afin d'éviter tout malentendu. Le ton est objectif, neutre, le but de la lettre étant le plus souvent de demander l'application d'un règlement, l'explication d'une loi, d'une mesure réglementaire.

■■■ Expressions à employer

☐ Donner toujours son titre à une personnalité ; le titre, précédé de « Monsieur » ou de « Madame », doit toujours avoir une majuscule. Exemple : Monsieur le Maire, Monsieur le Directeur Général, Madame la Conseillère municipale...
☐ Exemples d'introduction : « Nous nous permettons d'attirer votre attention sur le problème suivant ... » ; « J'ai l'honneur de solliciter de votre bienveillance ... »
☐ Les formules de politesse doivent traduire la relation de respect, de déférence à l'égard d'une personnalité. Exemple : « Nous vous prions d'agréer, Monsieur le Receveur, l'expression de nos respectueuses salutations. »

76

DEMANDE DE DÉLAIS DE PAIEMENT

```
SOCIÉTÉ Y.....
15 avenue Parmentier
75011 PARIS
                                    Monsieur le Percepteur
                                    de la Recette Principale du 11e
                                    10 avenue de la République
                                    75010 PARIS

Objet :
Demande de délai de paiement
P. J. :
Un chèque de .... €

   Monsieur le Percepteur,

   Je tiens à vous informer que des difficultés momentanées de
trésorerie m'empêchent de régler la totalité de l'impôt sur les
Sociétés exigible à la date du .... et s'élevant à ....

   En conséquence, j'ai l'honneur de vous soumettre le plan de
règlement suivant :
   – 1er versement de .... € joint à ma lettre (Chèque BNP) ;
   – trois versements de .... par mois le .... (date) de chaque
     mois jusqu'à apurement de ma dette.

   Je m'engage à respecter ce plan de règlement et vous remercie par
avance de bien vouloir examiner ma demande avec bienveillance.

   Dans l'espoir d'une réponse favorable, recevez, Monsieur le
Percepteur, l'assurance de mes respectueuses salutations.
```

```
Monsieur le Receveur Principal,

   Nous devons porter à votre connaissance qu'il ne nous est pas
possible de régler immédiatement le montant de la TVA exigible
à la date du ....

   En effet, nos stocks de produits ont été en grande partie
détruits lors d'un incendie ainsi que deux de nos ateliers. Le
montant des dégâts est considérable et sera bien entendu pris
en charge par notre compagnie d'assurance. Il faut cependant
compter deux mois avant que n'intervienne le règlement du
sinistre, ce qui entraîne quelques problèmes de trésorerie
pour notre entreprise.

   Vous nous obligeriez en acceptant de nous accorder des délais
de paiement et vous trouverez ci-joint le plan de règlement
que nous nous engageons à respecter.

   Nous vous remercions par avance de votre compréhension et
espérons que devant le caractère exceptionnel de notre
demande, il vous sera possible de nous donner votre accord.

   Nous vous prions d'agréer, Monsieur le Receveur Principal,
l'expression de notre considération distinguée.
```

77

Les sous-titres permettent de repérer les grands points du sujet.

CONSEILS GÉNÉRAUX

SERVICES COMMERCIAUX

SERVICES FINANCIERS

SERVICES ADMINISTRATIFS

RELATIONS HUMAINES

DIVERS

Qu'est-ce qu'une entreprise ?

Les entreprises françaises revêtent des caractéristiques très diverses : l'INSEE (Institut National de la Statistique et des Études Économiques) les classe selon plusieurs critères.

Les différents types d'entreprises

On peut distinguer les entreprises selon leurs effectifs, leur chiffre d'affaires, leur secteur d'activité ou leur forme juridique.

☐ Les effectifs : les petites entreprises (moins de 10 salariés), les moyennes entreprises (de 10 à 500 salariés) et les grandes entreprises (au-dessus de 500 salariés).

☐ Le chiffre d'affaires réalisé (montant des ventes annuelles).

☐ Le secteur d'activité. Le secteur primaire regroupe les activités liées à l'agriculture, la pêche, les activités forestières et les activités extractives (mines). Le secteur secondaire représente les activités industrielles. Le secteur tertiaire correspond aux activités dites de « service ». On y ajoute maintenant le secteur quaternaire regroupant tous les agents économiques des secteurs de communication, de l'information, de la recherche, de l'informatique, de l'enseignement.

L'INSEE a affiné cette notion de secteur en classant les entreprises en secteurs, branches et filières.

Un secteur regroupe toutes les entreprises ayant la même activité principale (exemple : le secteur automobile). Une branche forme les activités diversifiées d'une entreprise (exemple : Bouygues, entreprise du secteur du bâtiment ayant des activités autres telles que la communication ou l'immobilier).

Une filière regroupe toutes les activités productrices qui concourent à la fabrication d'un bien ou d'un service (exemple : la filière bois, de l'abattage de l'arbre au meuble ou au papier).

☐ La forme juridique permet de distinguer : l'entreprise individuelle (1,2 million en France sur un total de 2,4 millions d'entreprises) ; l'EURL (Entreprise unipersonnelle à responsabilité limitée) ; la société en nom collectif (SNC) ; la SARL (Société à responsabilité limitée) ; la SA (Société anonyme).

Les différentes structures organisationnelles

☐ La structure fonctionnelle. Elle résulte d'un découpage de l'entreprise selon les différentes fonctions : commerciale, comptable, financière, sécurité, administrative, auxquelles on peut ajouter les fonctions logistique et informatique.

☐ La structure divisionnelle en fonction des différents produits fabriqués. Elle est adoptée par la majorité des grandes entreprises.

☐ La structure matricielle : cette structure est une combinaison de l'organisation par fonction et de l'organisation par branche. Elle allie deux compétences et se rencontre souvent dans des entreprises de recherches, de grands travaux. Elle convient bien aux grandes entreprises qui fabriquent et commercialisent des produits liés les uns aux autres.

4

LES STRUCTURES HIÉRARCHIQUES

La hiérarchie linéaire. Ce type de structure respecte l'unité de commandement classique (hiérarchie militaire). Tout subordonné n'a qu'un chef.

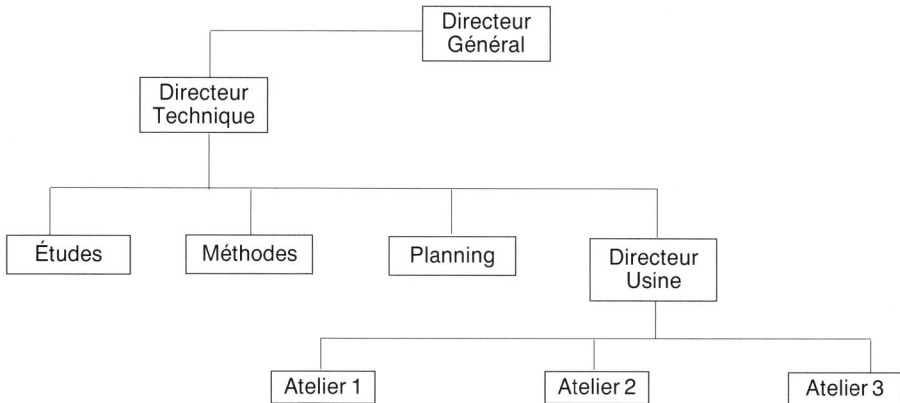

```
                              ┌──────────────┐
                              │  Directeur   │
                              │   Général    │
                              └──────────────┘
              ┌──────────────┐
              │  Directeur   │
              │  Technique   │
              └──────────────┘
    ┌─────────┬──────────┬──────────────┬──────────────┐
┌────────┐ ┌─────────┐ ┌──────────┐ ┌──────────────┐
│ Études │ │ Méthodes│ │ Planning │ │  Directeur   │
└────────┘ └─────────┘ └──────────┘ │    Usine     │
                                    └──────────────┘
                    ┌──────────┬──────────┬──────────┐
              ┌──────────┐ ┌──────────┐ ┌──────────┐
              │ Atelier 1│ │ Atelier 2│ │ Atelier 3│
              └──────────┘ └──────────┘ └──────────┘
```

La hiérarchie fonctionnelle. L'autorité est exercée sur des tâches spécialisées et l'étendue du pouvoir porte sur la spécialité : ex. : un directeur financier traitera tous les problèmes financiers de tous les services de l'entreprise.

La hiérarchie linéaire et fonctionnelle (staff and line). Elle réunit les avantages des deux systèmes précédents, à savoir l'unité de commandement et la spécialisation.

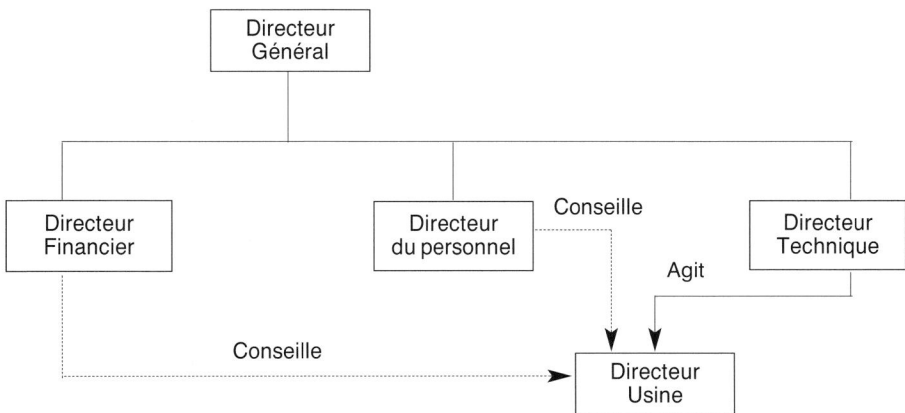

```
                        ┌──────────────┐
                        │  Directeur   │
                        │   Général    │
                        └──────────────┘
        ┌───────────────────┬───────────────────────┐
┌──────────────┐   ┌──────────────┐        ┌──────────────┐
│  Directeur   │   │  Directeur   │ Conseille│  Directeur  │
│  Financier   │   │  du personnel│        │  Technique   │
└──────────────┘   └──────────────┘        └──────────────┘
                                      Agit
                           ┌──────────────┐
         Conseille ───────▶│  Directeur   │
                           │    Usine     │
                           └──────────────┘
```

CONSEILS GÉNÉRAUX

SERVICES COMMERCIAUX

SERVICES FINANCIERS

SERVICES ADMINISTRATIFS

RELATIONS HUMAINES

DIVERS

Le courrier arrivée

La distribution du courrier est une tâche très importante dévolue soit à la secrétaire de la petite entreprise, soit au service courrier dans une grande entreprise. De sa rapidité et de sa capacité à transmettre les documents reçus dépend la capacité des destinataires à répondre le plus rapidement possible.

Tri

Après ouverture, suivant l'objet ou le contenu du courrier, celui-ci est placé dans la corbeille de la personne ou du service correspondant. Si le courrier est adressé nominativement, il est remis directement à son destinataire sans être ouvert.

Ouverture du courrier et son contrôle

Elle peut se faire manuellement ou grâce à une machine permettant l'ouverture de plusieurs centaines de lettres à la minute. L'opération de contrôle est particulièrement délicate, il faut notamment :
– s'assurer, avant de jeter l'enveloppe qu'elle ne contient plus rien ;
– s'assurer que l'adresse de l'expéditeur figurant sur l'enveloppe est la même que celle figurant sur l'en-tête de la lettre ;
– s'assurer que la pièce jointe indiquée dans la lettre existe bien et l'agrafer rapidement à la lettre ;
– s'assurer que l'enveloppe n'est pas nécessaire juridiquement (cachet de la poste) ;
– s'assurer que ce n'est pas une lettre recommandée : si c'est le cas, l'enveloppe doit être agrafée à la lettre ;
– s'assurer que la signature de l'expéditeur soit lisible : dans le cas contraire, conserver l'enveloppe si le nom de l'expéditeur y figure.
Si une lettre concerne plusieurs personnes ou plusieurs services, il faut faire des photocopies de la lettre.

Enregistrement du courrier

L'enregistrement se fait généralement sur un bordereau ou un registre conservé au service courrier (voir document n° 2 en page de droite). Une colonne « Date de réponse » peut éventuellement être ajoutée.
Cependant, il est de plus en plus fréquent que cet enregistrement soit réalisé à l'aide d'un logiciel informatique (tableur ou gestionnaire de base de données), dont la fonction filtre permet de retrouver très rapidement le courrier recherché.

Marquage des lettres et distribution

Il est souhaitable d'apposer un tampon sur la lettre indiquant sa date de réception. On peut éventuellement y indiquer le numéro d'enregistrement de la lettre (voir document n° 3). La distribution du courrier s'effectue différemment selon l'importance de l'entreprise. Chaque service peut se rendre directement au service courrier afin de prendre ce qui lui est destiné. Ou bien la secrétaire chargée de l'ouverture du courrier le distribue directement aux services ou aux personnes intéressées.

MODES D'ENREGISTREMENT DU COURRIER ARRIVÉE

■ **Document n° 1 : Lettres adressées nominativement**

Monsieur Marchand
Ets FLEURIAL

Courrier non ouvert

Ets FLEURIAL
à l'attention de Monsieur Marchand

Courrier ouvert

■ **Document n° 2 : Enregistrement du courrier**

N°	Date réception	Expéditeur	Objet	PJ	Observations

■ **Document n° 3 : Marquage des lettres reçues**

Ets FLEURIAL

Reçu le..............................
N° ....
Transmis à ....
Service ....

CONSEILS GÉNÉRAUX
SERVICES COMMERCIAUX
SERVICES FINANCIERS
SERVICES ADMINISTRATIFS
RELATIONS HUMAINES
DIVERS

Le courrier départ

Le service courrier est chargé de toutes les opérations relatives à l'arrivée du courrier (tri, ouverture, dépouillement, enregistrement et diffusion) mais il est également chargé de toutes celles relatives au départ du courrier émanant des différents services de l'entreprise.

■■■■■ Enregistrement du courrier « départ »

☐ Une lettre commerciale doit être faite en double ou triple exemplaire, car il faut laisser une trace du courrier dans l'entreprise lorsque celui-ci aura été envoyé à son destinataire. Ce double s'effectue soit à l'aide d'une photocopieuse ou par impression de jeux complémentaires sur les imprimantes modernes (ce qui est de plus en plus le cas) soit à l'aide de décalque par carbone sur un papier « pelure » (papier très fin) si le courrier a été tapé à la machine à écrire.

☐ Le courrier est alors disposé dans un parapheur et donné à la signature. Lorsqu'il est signé par l'expéditeur de la lettre, il faut procéder à son enregistrement (même principe que le courrier arrivée), le double est alors classé dans un dossier « chrono » (le courrier y est rangé par ordre chronologique). Avant de procéder à la mise sous enveloppe, il faut bien vérifier que toutes les pièces jointes et annexes annoncées dans la lettre sont présentes et les accrocher éventuellement au courrier.

■■■■■ Pliage et mise sous enveloppe

Lorsque le courrier est très important, on a recours de plus en plus à la mécanisation de cette étape à l'aide des différentes machines de bureau existantes :
– les machines à plier les documents ;
– les machines à mettre sous pli ;
– les machines à fermer les enveloppes ;
– les machines à adresser qui sont de plus en plus remplacées par des étiquettes informatisées.

■■■■■ Pesage et affranchissement

La lettre doit être pesée afin de pouvoir calculer la taxe à l'aide d'un tarif de La Poste. On peut ensuite utiliser une machine à affranchir : elle se loue auprès de sociétés fabriquantes qui mettent la machine à la disposition de l'entreprise après accord de La Poste. La machine enregistre le montant des affranchissements, le compteur est relevé chaque mois et la valeur correspondante des affranchissements est à payer alors à La Poste.

Lexique

Boîte postale : système particulier de distribution qui consiste à mettre à la disposition de l'usager, dans la poste elle-même, une boîte à lettre, dont l'usager a la clef, et qu'il doit venir relever.

Cedex (courrier à distribution exceptionnelle) : lorsqu'une entreprise prévoit une arrivée importante — au moins 500 lettres par jour — et exceptionnelle de courrier (lors d'un concours publicitaire, par exemple), il peut lui être affecté une boîte au bureau de poste.

LES CONTRAINTES DE LA POSTE

■ Position de l'adresse

La position de l'adresse sur les envois postaux doit être conforme à celle figurant sur le schéma ci-contre, qui permet une lecture automatique.

IMPORTANT :

• Ne rien porter à droite ni au-dessous de l'adresse

• Laisser au moins 20 mm entre l'adresse et les mentions ou impressions apparaissant éventuellement à gauche de cette dernière.

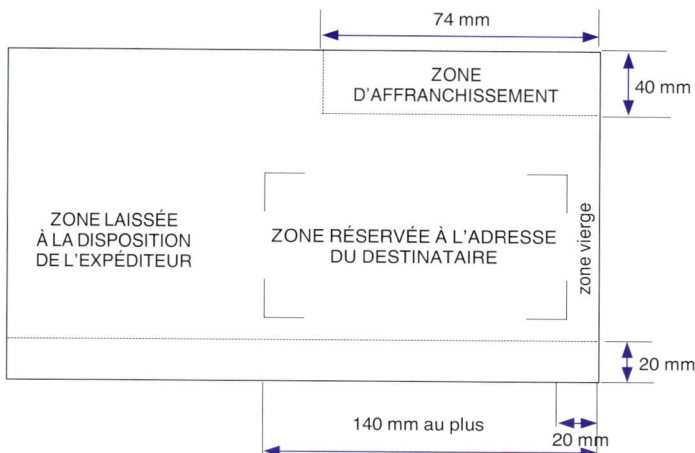

74 mm

ZONE D'AFFRANCHISSEMENT

40 mm

ZONE LAISSÉE À LA DISPOSITION DE L'EXPÉDITEUR

ZONE RÉSERVÉE À L'ADRESSE DU DESTINATAIRE

zone vierge

20 mm

140 mm au plus

20 mm

■ Présentation de l'enveloppe (préconisée par les services de la Poste)

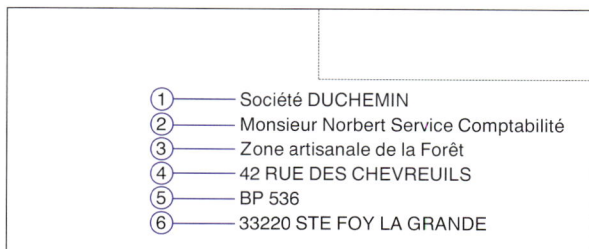

① Société DUCHEMIN
② Monsieur Norbert Service Comptabilité
③ Zone artisanale de la Forêt
④ 42 RUE DES CHEVREUILS
⑤ BP 536
⑥ 33220 STE FOY LA GRANDE

Ligne 1 Raison sociale ou dénomination commerciale
Ligne 2 Identité du destinataire et/ou du Service
Ligne 3 Complément d'identification du point géographique : Entrée, Tour, Immeuble, Bâtiment, Résidence, Zone industrielle
Ligne 4 N° ET LIBELLÉ DE LA VOIE
Ligne 5 MENTIONS SPÉCIALES DE DISTRIBUTION (BP, Tri Service Arrivée,...) et COMMUNE GÉOGRAPHIQUE si différente du bureau distributeur cedex
Ligne 6 CODE POSTAL et LOCALITÉ DE DESTINATION ou CODE CEDEX et BUREAU DISTRIBUTEUR CEDEX

Les 6 règles de l'adresse

• Des informations ordonnées du nominatif à la localité du destinataire
• 6 lignes maximum (les lignes blanches sont à supprimer)
• 38 caractères maximum par ligne (espaces compris)
• Aucun signe de ponctuation, de souligné, d'italique à partir de la ligne « N° et libellé de la voie » (pas de virgule après le n° de la voie)
• Les trois dernières lignes toujours en majuscules
• Le pavé adresse aligné à gauche

CONSEILS GÉNÉRAUX
SERVICES COMMERCIAUX
SERVICES FINANCIERS
SERVICES ADMINISTRATIFS
RELATIONS HUMAINES
DIVERS

Les services de la poste

L'entreprise moderne traite et retransmet de plus en plus d'informations. La production française de documents internes et externes avoisine plusieurs milliards de pages par an. Pour faire face à ce trafic, La Poste propose aux entreprises une large gamme de produits autres que l'expédition simple.

▬▬▬ Courrier recommandé

La lettre recommandée apporte une valeur juridique au courrier.
– Le recommandé simple garantit la réception du courrier par le destinataire car le facteur le remet en mains propres. En cas d'absence du destinataire, le facteur laisse un avis de passage et le courrier doit alors être récupéré au bureau de poste.
– Le recommandé avec accusé de réception permet à l'expéditeur de recevoir un avis de réception signé de la main du destinataire après que celui-ci a reçu le courrier.
– La lettre recommandée électronique qui permet d'envoyer par Internet une lettre recommandée 7j/7 et 24h/24 en la déposant sur un site sécurisé. C'est la poste qui imprime, met sous pli et c'est le facteur qui distribue le recommandé.

▬▬▬ Lettre suivie

Une étiquette Prêt-à-suivre à coller sur une enveloppe affranchie au tarif Lettre permet à l'expéditeur de suivre le courrier sur le site de la poste sur Internet et de savoir à quelle date il est distribué. Ce service peut s'appliquer également aux lettres recommandées grâce au prêt-à-recommander suivi : le message est imprimé directement à l'intérieur de l'enveloppe à l'aide d'une imprimante jet d'encre ou laser mais aucun document ne peut être inséré dans l'enveloppe car le prêt-à-recommander constitue la preuve de contenu.

▬▬▬ Écopli

Ce service permet d'économiser sur les envois en nombre en optant pour un acheminement moins rapide.

▬▬▬ Distingo

Enveloppe pré-timbrée, indéchirable et imperméable, distribuée dans les meilleurs délais et montée à l'étage par le facteur.

▬▬▬ Postéclair

Service de télécopie publique qui permet de transmettre par fax, à partir de n'importe quel bureau de poste, la copie de tout document dans quarante-six-pays.

▬▬▬ Chronopost

Service de transport accéléré en France et à destination de l'étranger, commercialisé par la Société française de messageries internationales, filiale de la Poste. Il garantit un acheminement fiable et ultra rapide des documents qui lui sont confiés (moins de 24 h en France, entre 24 h (Europe) et 72 h vers l'étranger). L'acheminement est fait en toute sécurité et les envois sont suivis en temps réeel tout au long de leur parcours.

QUELQUES EXEMPLES
DE BORDEREAUX POSTAUX

LA POSTE
FRANCE

RA 1842 2849 0 FR

**AVIS DE RÉCEPTION
DE VOTRE ENVOI
RECOMMANDE**

AR

Présenté le :

Distribué le :
Signature du destinataire

RETOUR A :

AVIS DE RÉCEPTION

LA POSTE

ENVOI D'UN OBJET RECOMMANDÉ
SANS AVIS DE RÉCEPTION
LS 0067 3076 0FR

LS 0067 3076 0FR

TAUX DE RECOMMANDATION R1 ☐ R2 ☐ R3 ☐
Cadre reservé au service

Présentation le

Distribution le
Signature du destinataire :

Date	Prix	Contre-Remboursement	Nature de l'objet

DESTINATAIRE LETTRE ☐ COLIS ☐

PREUVE DE DISTRIBUTION

UTILISER UN STYLO A BILLE / APPUYER FORTEMENT

PREUVE DE DÉPÔT

RECOMMANDÉ

LA POSTE

RA 8826 5234 8FR

Je me suis présenté(e) à votre domicile

le

pour vous remettre un objet recommandé.

Celui-ci n'a pu vous être remis pour le motif suivant :

Absent(e) ☐   Autre motif

Vous avez la possibilité de retirer cet objet dans votre

bureau de poste muni(e) d'une pièce d'identité et

du présent avis, à partir du

à _____ heures et avant expiration du délai de garde.

Contre paiement
de la somme de:

INFORMATIONS IMPORTANTES AU VERSO

OBJET RECOMMANDÉ
AVIS DE PASSAGE DU FACTEUR

DESTINATAIRE LETTRE ☐ COLIS ☐

Bureau de poste :

Adresse :

SIREN 356 000 000 RCS NANTERRE

AVIS DE PASSAGE

CONSEILS GÉNÉRAUX

SERVICES COMMERCIAUX

SERVICES FINANCIERS

SERVICES ADMINISTRATIFS

RELATIONS HUMAINES

DIVERS

La lettre commerciale – présentation

La lettre commerciale participe à l'image de marque de l'entreprise dans ses relations avec l'extérieur. La présentation de cette lettre obéit donc à des règles de présentation et de structure très précises.

■ Le papier

Le papier est obligatoirement du papier à l'en-tête de l'entreprise. Il est en général blanc, sans ligne, de format $21 \times 29,7$. Cependant il peut être de couleur pastel, en particulier pour les entrepriss qui ont une vocation purement commerciale auprès des particuliers.

■ La présentation

☐ Il existe une norme de présentation de la lettre commerciale (réf. NF Z 11-001 de juillet 1982) mais cette dernière n'a qu'un caractère indicatif et n'est guère plus utilisée que par les administrations, les cabinets d'avocats et les notaires.

☐ En dehors de la présentation normalisée, il existe deux types de présentation standard :
– la présentation à la française,
– la présentation à l'américaine (voir modèles ci-contre).

☐ Dans la pratique, la plupart des entreprises utilisent une présentation personnalisée respectant une « charte graphique » élaborée par leurs soins.

■ La mise en page

☐ La suscription s'écrit sur 3 lignes au minimum et sur 6 lignes au maximum. Il n'y a aucune ponctuation dans les lignes de l'adresse et pas d'espace dans l'écriture du code postal.

☐ La lettre est composée en caractères de taille 10, 11 ou 12 ; l'interligne est simple et la police doit être classique.

☐ Les paragraphes sont séparés par un double interligne.

☐ La marge de gauche est au minimum de 12 cm et n'est jamais supérieure à 4,5 cm. La marge de droite est en général de 2 cm.

Le choix des marges, des alinéas et des caractères doit donner à une lettre une excellente lisibilité.

à la française

LA FOURMI INFORMATIQUE
21 rue du Bourg Tibourg
75004 PARIS

Christelle DESLOGIS
15 rue du Commerce
75015 PARIS

Objet :
V/Candidature

Paris,
le …

Madame,

À la suite de notre entretien et de votre essai professionnel du … (*date*) courant, nous avons le regret de vous informer que votre candidature n'a pas été retenue.

Nous vous remercions d'avoir pensé à nous offrir votre collaboration et vous souhaitons de trouver rapidement l'emploi que vous recherchez.

Nous vous prions d'agréer, Madame, l'expression de nos sentiments distingués.

Le Gérant,
F. TURPINO

à l'américaine

LA FOURMI INFORMATIQUE
21 rue du Bourg Tibourg
75004 PARIS

MCT/JCP

Paris, le 15 juin 2000

Christelle DESLOGIS
15 rue du Commerce
75015 PARIS

Madame,

À la suite de notre entretien et de votre essai professionnel du … (*date*), et sous réserve de l'examen médical obligatoire d'embauche, nous avons le plaisir de vous annoncer que votre candidature a été retenue pour le poste de secrétaire au sein de notre Société à partir du … (*date*) à … h.

Toutes les conditions sur votre engagement sont contenues dans le contrat de travail que vous voudrez bien signer dès votre arrivée.

Recevez, Madame, nos salutations distinguées.

Le Gérant,
F. TURPINO

LETTRE NORMALISÉE (NORME AFNOR)

En-tête : nom et adresse de l'expéditeur **1**
Et mentions obligatoires : RCS, type de société

(à 11 cm du bord gauche) Suscription
(nom et adresse du destinataire)

2

Vos Réf. :
Nos Réf. : **3**
Objet : **4**   Lieu d'origine
                       Date

Pièces jointes : **5**

Titre de civilité,

Corps de la lettre
 – Introduction
 – Développement
 – Conclusion

Formule de politesse

Bloc signature **6**

---

1 Ces mentions sont souvent pré-imprimées sur le papier utilisé par l'entreprise pour son courrier

2 À relever dans le courrier reçu quand il s'agit d'y répondre

3 Numéro interne de tout courrier départ

4 L'objet précise le motif de la lettre

5 À ajouter dès qu'un document est joint. Cela permet de s'assurer rapidement que le courrier est complet

6 Nom et fonction du signataire

CONSEILS GÉNÉRAUX
SERVICES COMMERCIAUX
SERVICES FINANCIERS
SERVICES ADMINISTRATIFS
RELATIONS HUMAINES
DIVERS

La lettre commerciale – contenu

Malgré les nouveaux moyens de communication, la lettre reste le document le plus largement utilisé par les entreprises. Elle est le moyen de preuve le plus sûr accepté par les tribunaux.

▬▬▬ Les différents types de courriers

On distingue :
– la lettre individualisée s'applique à des situations à caractère non répétitif et dont la rédaction est adaptée à la situation ;
– la lettre type à personnaliser traite de situations qui ont un caractère fréquent ou répétitif ; la suscription et le corps de la lettre prévoient l'insertion de variables au clavier ;
– le publipostage est destiné à l'envoi d'une même lettre à de nombreux correspondants ; le corps de la lettre ou « canevas » identique pour tous les destinataires peut comporter quelques éléments variables, la suscription est définie elle aussi comme une zone de variables ; le complément de ces variables s'effectue automatiquement par fusion du « canevas » avec un fichier de variables existant ou créé pour la circonstance.

▬▬▬ La suscription

Elle indique le nom et l'adresse du destinataire. L'usage français la situe en haut et à droite de la page. Si l'on connaît le nom de la personne à qui l'on envoie la lettre, on le spécifie ou l'on précise « à l'attention de M ou Mme… ».

▬▬▬ Les références

Elles comportent souvent les initiales du rédacteur, de la personne qui a saisi la lettre et quelquefois le numéro d'ordre chronologique qui est celui inscrit sur le « chrono » courrier « arrivée ». Certaines entreprises y ajoutent les références du destinataire.

▬▬▬ L'objet de la lettre

Il précise le motif de la lettre et doit permettre à la personne qui ouvre le courrier de le distribuer dans les différents services. Quand l'objet de la lettre est une demande ou la confirmation d'une commande (ex : Votre demande de renseignement ou V/commande n°), l'expéditeur l'indique. Quant l'objet est une réclamation, la réponse à une lettre ou à un appel téléphonique, l'expéditeur fait figurer le nom et le numéro et éventuellement la date du document initialement reçu.

▬▬▬ La signature

Toujours en fin de lettre, elle doit être manuscrite, seule manière de rendre la lettre valable du point de vue juridique. La mention P.O. (pour ordre) peut figurer : elle signifie que la personne responsable a délégué ses pouvoirs à la personne qui a écrit la lettre.

LES EN-TÊTES DE LETTRES

Toutes les entreprises se servent de papier à en-tête généralement préimprimé et qui doit comporter les rubriques suivantes :
— nom de l'entreprise ;
— forme juridique de la société ;
— montant du capital social s'il y a lieu ;
— numéro d'immatriculation au Registre du Commerce (ce numéro permet à toute personne d'obtenir des renseignements sur une société ou un commerçant en consultant le Registre du Commerce) ;
— code d'activité principale exercée par la société (Code APE) ;
— l'adresse, qui peut être précédée de la mention B.P. (Boîte Postale) si l'entreprise a une boîte postale ou de CEDEX (Courrier d'entreprise à distribution exceptionnelle) ;

— la mention, lorsqu'il s'agit d'une entreprise individuelle, de son appartenance ou non à un centre de gestion agréé par l'administration fiscale.
Toutes ces mentions sont obligatoires : le Code du Commerce impose aux entreprises d'indiquer ces informations sur les documents externes à l'entreprise.

D'autres mentions sont facultatives, à savoir :
— le numéro de téléphone, numéro de télécopie ou de télex, e-mail, site internet,
— le numéro de boîte postale,
— le numéro de compte bancaire.
Dans la pratique, elles figurent très souvent dans l'en-tête des lettres commerciales ou dans le bas de la feuille (préimprimée).

LIBRAIRIE "Au Livre Ouvert"
14, rue Daguerre
13001 Marseille

TÉL. : 04.45.22.31.00 - FAX : 04.43.31.20.96

Next

N/RÉF.
V/RÉF.

S.A. AU CAPITAL DE 106 700 € - RC MARSEILLE B 562110050 - N° SIRET 56211224900011 - CODE APE 221A

CONSEILS GÉNÉRAUX
SERVICES COMMERCIAUX
SERVICES FINANCIERS
SERVICES ADMINISTRATIFS
RELATIONS HUMAINES
DIVERS

Les formules utilisées

La correspondance commerciale est toujours écrite dans un but spécifique. Le rédacteur doit respecter certains usages de langage sur lesquels il peut s'appuyer pour rédiger son courrier d'entreprise. Ce courrier a tendance à se simplifier et perd de plus en plus son caractère ampoulé.

La structure générale

☐ Le corps de la lettre est précédé de la formule d'appel encore appelée titre de civilité ou appellation : le rédacteur s'adresse à son destinataire et la façon dont il s'adresse à lui répond à des règles précises, codifiées par les usages.

☐ On peut décomposer une lettre commerciale selon le plan-type suivant :

– l'introduction : selon le cas, ce sera soit un accusé de réception, soit un exposé des faits qui motivent la lettre ;

– le développement de la lettre : le rédacteur expose en détail le problème qu'il a et ses conséquences ;

– la conclusion : elle ne doit pas être oubliée car elle indique généralement les effets que l'expéditeur attend à la suite de ce courrier ;

– la formule de politesse : elle constitue toujours le dernier paragraphe de la lettre ; cette formule est très stéréotypée ; il suffit donc de connaître quelques formules tout en respectant les convenances commerciales (voir en page de droite).

La conclusion

La conclusion d'une lettre commerciale doit inciter le destinataire de la lettre à entreprendre une action en relation avec ce que vous avez énoncé dans l'introduction de votre lettre : rectifier une erreur ou répondre rapidement par exemple. La conclusion doit donc être brève et précise.

Vous devez éviter les lieux communs et les expressions éculées telles que « en vous remerciant d'avance… ».

La conclusion doit spécifier, quand cela est possible, ce que vous attendez de votre correspondant et dans quels délais. Si vous vous posez la question : « Pourquoi est-ce que j'écris ? », vous aurez le contenu de votre conclusion.

Enfin, le ton de la conclusion doit être en rapport avec l'objet de la lettre (amabilité ou ton plus « sec » en cas de réclamation réitérée).

La formule de politesse

De nombreuses entreprises utilisent encore des formules de politesse très alambiquées. Mais la tendance actuelle est à la simplification. Les verbes généralement utilisés dans ces formules sont les verbes « croire » ou « agréer ». La formule d'appel est toujours reprise dans la formule de politesse derrière le verbe.

On trouve de plus en plus souvent des formules de politesse très simples, similaires à celles utilisées par les Anglo-saxons. Ex. : cordialement vôtre, sincèrement, respectueusement.

16

QUELQUES EXEMPLES

■ La formule d'appel

– Monsieur, Madame, Mademoiselle,
– Cher Monsieur, Chère Madame, lorsqu'on connaît la personne à qui l'on s'adresse,
– Monsieur ou Docteur lorsque l'on écrit à un médecin,
– Maître lorsque l'on écrit à un notaire, un avocat ou un conseil juridique même si c'est une femme,
– Monsieur le Préfet ou Monsieur le Commissaire de la République,
– Monsieur le Proviseur ou Madame le Proviseur.

■ L'introduction

– Nous avons le plaisir de vous informer que nous sommes en mesure de répondre favorablement à votre demande.
– Nous vous serions reconnaissants de bien vouloir nous envoyer votre catalogue.
– Veuillez nous faire parvenir les articles suivants :
– Veuillez trouver ci-joint…
– Nous accusons réception de votre courrier en date du …
– Nous vous confirmons votre courrier du …
– Conformément à vos instructions, nous vous livrons les articles demandés, à savoir :…
– En réponse à votre lettre du …, nous vous signalons que nous procéderons à l'expédition de …

■ La conclusion

– Nous vous saurions gré de bien vouloir nous communiquer votre réponse dans les meilleurs délais.
– Nous vous serions reconnaissants de nous répondre par retour de courrier.
– Nous vous réitérons nos regrets…

– Nous vous prions de bien vouloir nous excuser pour ce contre-temps.
– Nous nous permettons donc de solliciter un délai de paiement de… (jours ou semaines).
– Nous espérons que cet incident (ou contretemps) ne nuira pas à nos bonnes relations.
– Nous vous renouvelons nos excuses pour ce retard tout à fait indépendant de notre volonté.
– Sans réponse de votre part dans les 8 jours, nous nous verrons dans l'obligation de remettre votre dossier à notre service contentieux.

■ La formule de politesse

– Lettre d'égal à égal : Recevez, Monsieur, nos salutations distinguées.
– Lettre d'un inférieur à un supérieur hiérarchique : Nous vous prions d'agréer, Monsieur le Directeur, l'expression de nos sentiments respectueux.
– Lettre d'un supérieur à un inférieur hiérarchique : Veuillez agréer, Monsieur, l'assurance de notre parfaite considération.

■ Erreurs à éviter

– « Veuillez agréer l'expression de nos salutations distinguées » constitue une faute de syntaxe : on agrée l'expression de sentiments mais pas des salutations. On utilisera la formule : « Veuillez agréer, M....., nos salutations distinguées. »
– « Salutations empressées » est une formule obséquieuse à éviter, sauf lorsque l'on veut s'excuser d'une faute grave.
– « Assurance » ne s'emploie pas d'inférieur à supérieur hiérarchique.
– La formule « l'expression de nos sentiments » est de moins en moins utilisée et est à proscrire absolument lorsqu'un homme s'adresse à une femme.

CONSEILS GÉNÉRAUX
SERVICES COMMERCIAUX
SERVICES FINANCIERS
SERVICES ADMINISTRATIFS
RELATIONS HUMAINES
DIVERS

Style et ponctuation

La clarté, la concision, la précision et la courtoisie sont les composantes essentielles d'une bonne lettre commerciale. Par ailleurs, une bonne utilisation des signes de ponctuation est indispensable à une bonne communication dans et hors de l'entreprise.

▬▬▬ Les caractéristiques d'un bon message

Il doit être un outil permettant à l'entreprise de mener à bien des actions commerciales. Il est le contraire d'un courrier à caractère littéraire ou pédagogique. Le rédacteur doit adopter un style simple : ainsi, celui-ci ne sera pas un obstacle à la transmission des messages et les informations transmises ne pourront pas être déformées.

▬▬▬ Le style

☐ La clarté : il faut utiliser un langage clair, simple, sobre.
– Faire des phrases courtes (20 mots en moyenne).
– Éviter d'employer le passif et privilégier la forme active.
– Poser des questions au style direct.
– Éviter les répétitions et les clichés.
– Respecter la règle : un paragraphe, une idée.
– Ne pas hésiter à utiliser les formules types d'autres lettres commerciales.
☐ La concision : une lettre commerciale doit être courte et ne contenir que les informations qui vont intéresser le destinataire. Donc pas de « délayage » inutile.
☐ La courtoisie : les relations commerciales doivent toujours rester courtoises, même lorsqu'il s'agit de présenter une réclamation au destinataire. C'est le choix du vocabulaire et notamment du verbe qui donnera un ton courtois à une lettre.
☐ Le langage : le souci est de se faire comprendre, en privilégiant le vocabulaire et les constructions de phrases propres au registre professionnel courant.

▬▬▬ Remarques

☐ Les mots de liaison : très importants pour l'articulation logique et la compréhension de la phrase, ils introduisent soit :
– un exemple : ainsi, notamment, par exemple.
– une précision : en d'autres termes, en ce qui concerne, en fait, quant à.
– une explication : car, c'est-à-dire, en effet.
– une argumentation : or, en revanche, au contraire.
– une conclusion : donc, en conséquence, en définitive, enfin.
– une restriction : cependant, mais, néanmoins, pourtant, toutefois.
– une addition : par ailleurs, en outre, d'une part, d'autre part, voire.
☐ L'écriture des nombres : les milliers doivent être séparés par un espace (3 500 €). Les nombres décimaux sont séparés par une virgule (6,5 %). Toujours faire un espace entre le nombre et son unité sauf s'il s'agit du symbole ° (30° mais 30 °C).
☐ Les majuscules : la lettre majuscule s'applique aux noms propres, noms de lieux, noms d'habitants, jours fériés, noms de sociétés. On n'utilise pas la majuscule pour les noms de mois, les adjectifs issus de noms de pays (les italiens).

LA PONCTUATION

■ Les éléments de séparation entre phrases ou propositions

Le point est le signe le plus indispensable. Il délimite une phrase qui doit contenir une seule idée.

La virgule marque une pause à l'intérieur de la phrase. Elle s'utilise entre les éléments d'une série, entre des expressions ou des propositions circonstancielles d'une certaine longueur, entre deux propositions séparées par des conjonctions.

Le point-virgule marque une pause de moyenne durée à l'intérieur d'une phrase. Il unit des phrases complètes, logiquement associées. On ne met pas de majuscule après un point-virgule.

Le deux-points s'emploie pour annoncer la citation d'un texte, la reproduction des paroles de quelqu'un ou pour introduire une énumération. Il peut être utilisé pour annoncer la cause, la conséquence ou la synthèse de ce qui précède.

Les points de suspension vont par trois. Ils indiquent qu'une phrase est inachevée. Ils n'ont pas de raison d'être dans un courrier commercial qui doit être précis. Ils sont inutiles après *etc*.

■ Les autres signes

Le trait d'union est, comme son nom l'indique, un signe d'unité. Il s'utilise dans les mots composés (ex. : compte-chèques, laissez-passer). Il s'utilise dans les expressions interrogatives : « Qu'y a-t-il ? » et entre *même* et le pronom auquel il se rapporte : moi-même, vous-même, etc. Quand un impératif est suivi d'un pronom qui en dépend, on les relie par un trait d'union : Dites-le-lui. Mais on ne met pas de trait d'union si le pronom dépend d'un autre verbe : « Veuillez lui remettre ce chèque ».

Le tiret : il est plus long, quant à la typographie, que le trait d'union. Il indique une rupture dans la pensée ou un détail que l'on veut souligner tout en l'insérant dans une phrase. Lorsque les mots entre tirets terminent une phrase ou une sous-phrase (deux points), le second tiret disparaît.

Les parenthèses s'emploient surtout pour intercaler dans un texte des indications accessoires. Le lecteur aura donc tendance à survoler ce qui est entre parenthèses. Il est donc prudent, si l'on veut inclure des informations importantes, de ne pas les placer entre parenthèses et de faire, dans ce cas, une phrase distincte.

Les guillemets s'emploient pour rapporter les paroles de quelqu'un. Si le passage entre guillemets demande après lui un signe de ponctuation (point d'interrogation, d'exclamation, point, deux points), celui-ci se place avant le second guillemet ; si le passage entre guillemets ne demande pas de signe de ponctuation, la ponctuation se place après le second guillemet.

■ Règles d'espacement dans la ponctuation

Pas d'espace avant *et* Pas d'espace après	/	Barre oblique
	'	Apostrophe
	–	Trait d'union
Pas d'espace avant *mais* Un espace après	.	Point
	,	Virgule
	…	Points de suspension
	°	Symbole degré
	*	Astérisque
Un espace avant *et* Un espace après	;	Point virgule
	:	Deux points
	!	Point d'exclamation
	?	Point d'interrogation
	%	Symbole pourcentage
Un espace à l'exérieur *mais* Pas d'espace à l'intérieur	( )	Parenthèses
	[ ]	Crochets
	{ }	Accolades
	« »	Guillemets

CONSEILS GÉNÉRAUX

SERVICES COMMERCIAUX

SERVICES FINANCIERS

SERVICES ADMINISTRATIFS

RELATIONS HUMAINES

DIVERS

Demande de documentation

Avant de prendre une décision d'achat, le client adresse à ses fournisseurs éventuels une demande d'information pour se renseigner sur la nature et les caractéristiques des produits ou des services qui lui sont nécessaires.

▬▬▬ Objet de la lettre

Le client adresse au fournisseur une demande de documentation des produits qui l'intéressent, sous forme d'échantillons, de tarifs, de catalogues ou même d'essai. Cette documentation doit lui permettre après analyse et comparaison des offres reçues, de fixer son choix.

La demande peut être formulée soit dans une intention de commande immédiate soit en vue de la constitution d'une documentation. Quelle que soit sa nature (documentation, tarifs, essais de matériel...), elle doit être rédigée de la manière la plus claire possible, en donnant le maximum de renseignements sur la marchandise concernée. Le fournisseur peut ainsi répondre, sans risque de malentendu, en donnant toutes les informations utiles. Cela permet également à l'acheteur, s'il est fait appel à plusieurs fournisseurs, de comparer facilement les diverses offres qui lui sont faites.

L'indication de l'utilisation qui sera faite de la marchandise recherchée peut être d'un réel intérêt : le vendeur orientera ses renseignements sur un modèle plutôt qu'un autre. Enfin, l'indication de la quantité peut intervenir dans la détermination du prix sur le vendeur.

▬▬▬ Cadre juridique

Par cette demande de documentation, l'acheteur s'informe. En aucun cas cette demande ne peut être considérée comme un engagement d'achat. Si l'information demandée exige, de la part du fournisseur, des dépenses en temps ou en matériel non négligeables, l'acheteur qui se renseigne doit être encore plus explicite en précisant bien qu'il s'agit d'un essai ou d'une démonstration « à titre gratuit, sans engagement ».

▬▬▬ Plan de la lettre

1. Annonce de l'article sur lequel porte la demande de documentation
2. Motifs de la demande et, éventuellement, importance des besoins à satisfaire
3. Conditions d'achat du demandeur

▬▬▬ Conseils de rédaction

L'emploi du conditionnel marque le simple désir d'information. Il importe que le destinataire ne confonde pas la demande d'information avec une commande ferme. Les renseignements demandés doivent se présenter sous la forme d'une énumération.

DEMANDE DE RENSEIGNEMENTS

Demande de documentation

Objet :
Demande de documentation

Monsieur,

Nous vous serions reconnaissants de bien vouloir nous faire parvenir une documentation détaillée sur votre gamme de ....

Nous serions tout particulièrement intéressés par vos modèles :
- ....
- ....
qui nous sont le plus fréquemment demandés par notre clientèle.

Si vos prix nous conviennent, nous prévoyons l'achat d'au moins
.... de chaque modèle par mois. Nos fournisseurs
habituels nous consentent un délai de paiement de 60 jours fin
de mois. Nous souhaiterions avoir des livraisons qui
interviendraient dans les 15 jours maximum suivant la date de
commande.

Dans l'attente de vous lire, nous vous prions d'agréer,
Monsieur, nos salutations distinguées.

Demande d'essai d'un appareil

Objet :
Demande d'essai

Messieurs,

Nous sommes très intéressés par votre dernier photocopieur
modèle ..... Aussi souhaiterions-nous, sans engagement de notre
part, en faire l'essai dans nos bureaux, en présence du
personnel qui pourrait être concerné par son utilisation.

Nous vous remercions de nous faire savoir le jour et l'heure
qui vous conviendraient pour procéder à cette démonstration.
Nous souhaiterions que ce soit de préférence aux heures de
bureau.

Si vos conditions nous convenaient, nous envisagerions de
passer commande auprès de vous dans un délai très bref.

Veuillez agréer, Messieurs, nos salutations distinguées.

CONSEILS GÉNÉRAUX

SERVICES COMMERCIAUX

SERVICES FINANCIERS

SERVICES ADMINISTRATIFS

RELATIONS HUMAINES

DIVERS

Réponse à une demande de documentation

La réponse à une demande de documentation peut être le point de départ d'une affaire avec un client. Il convient donc de faire vite pour ne pas être devancé par un concurrent.

▬▬▬ Objet de la lettre

La lettre de réponse aux demandes de renseignements doit comporter le plus de détails possibles sur le produit, la société et les conditions de vente pour que les relations soient établies d'entrée de façon très claire avec le client potentiel.

Lorsque la demande est précise, la réponse met en valeur les caractéristiques du produit proposé et insiste sur les points présentant un intérêt particulier et pouvant influencer favorablement le client. Toutes les précisions relatives au prix et aux conditions de vente doivent être données.

▬▬▬ Cadre juridique

L'ensemble des modalités d'exécution fixées par le fournisseur constitue les conditions de vente. Ces conditions de vente regroupent plus particulièrement les réductions sur les prix, les conditions de paiement, les conditions de livraison.

☐ Le prix peut être ferme ou indicatif, sujet ou non à révision suivant un indice.

☐ Le paiement dont il est obligatoire de préciser le lieu, la date, le mode (comptant ou à crédit), le moyen (espèces, chèque ou effet de commerce).

☐ Les délais de fabrication ou de livraison peuvent être fermes ou indicatifs ; on peut préciser les conséquences du dépassement de ces délais (indemnités, pénalités, résiliation du contrat).

☐ La garantie porte soit sur les pièces uniquement ou sur les pièces et la main-d'œuvre et on en précise la durée et les cas d'exclusion.

☐ Le transport : on précise la responsabilité du destinataire en cas de livraison par un transporteur.

☐ La clause attributive de juridiction précise le tribunal compétent en cas de litige ; c'est en général celui du domicile du vendeur.

Au moment où il fait son offre, le vendeur s'engage à respecter ces conditions dans les termes mêmes où elles sont rédigées.

▬▬▬ Plan de la lettre

1. Reprendre les termes de la demande en rappelant la date d'envoi
2. Présenter l'offre précisément en ce qui concerne son prix, sa durée de validité et les conditions de vente (on utilise des termes exacts et précis et on s'attache à la clarté et à la précision du vocabulaire)
3. Argumenter : il faut montrer au client l'intérêt que l'on porte à sa demande (argumentation sobre, discrète mais efficace)
4. Se mettre à la disposition du client pour tout renseignement complémentaire

QUELQUES EXEMPLES

Réponse à une demande précise

```
Objet :
V/demande de documentation


Messieurs,

Nous vous remercions de votre demande de documentation du .....
concernant notre dernière machine-outil.

Nous avons le plaisir de vous faire parvenir une documentation
complète concernant cet article. Notre tarif et nos conditions
habituelles de vente y sont indiqués ainsi que les taux de
remise pour commandes importantes.

Ce matériel particulièrement robuste est d'un excellent rapport
qualité-prix. Nous pouvons vous assurer que sa facilité
d'emploi vous donnera entière satisfaction.

Nous restons à votre entière disposition pour toutes informations
complémentaires.


Nous vous prions d'agréer, Messieurs, nos meilleures salutations.
```

Réponse à une demande imprécise

```
Objet :
V/demande de documentation


Messieurs,

Nous avons bien reçu votre demande du ......... et nous vous
remercions de l'intérêt que vous portez à notre société.

Conformément à votre souhait, nous vous adressons notre
catalogue général qui vous donnera toutes précisions sur les
modèles que nous commercialisons.

Nous nous tenons à votre disposition pour vous envoyer toute
documentation complémentaire concernant les modèles de notre
catalogue qui vous intéresseraient plus particulièrement. Nous
vous proposons de rencontrer notre représentant M.............
pour discuter des conditions de notre collaboration.


Veuillez agréer, Messieurs, nos salutations distinguées.
```

CONSEILS GÉNÉRAUX

SERVICES COMMERCIAUX

SERVICES FINANCIERS

SERVICES ADMINISTRATIFS

RELATIONS HUMAINES

DIVERS

Lettre de vente

Afin d'étendre sa clientèle, l'entreprise doit prendre l'initiative d'attirer l'attention sur les produits qu'elle fabrique ou les services qu'elle est en mesure d'offrir. La lettre de vente lui permet de proposer ses produits dans le but de convaincre les prospects et de les transformer en clients.

▬▬▬ Objet de la lettre

Suivant son type d'activité et son importance, l'entreprise assure la promotion de ses produits ou services par divers moyens : utilisation d'annonces dans la presse, d'affiches, de campagnes publicitaires par l'intermédiaire de la télévision ou de la radio, visite de la clientèle par des représentants, mais aussi envoi de correspondance sous la forme de circulaire. Ce dernier procédé est de plus en plus employé sous la forme de mailing ou publipostage. Il présente de nombreux avantages : ciblage affiné de la clientèle, possibilité d'adapter les messages promotionnels, contrôle immédiat de l'impact d'une campagne publicitaire.

Pour mesurer l'impact d'une campagne et établir d'utiles comparaisons entre différents mailings, il est indispensable de recourir à une fiche de suivi. De même, il convient de calculer le rendement d'un publipostage.

▬▬▬ Plan de la lettre

1. Présentation de la marchandise ou du service à fournir dans une introduction accrocheuse

2. Développement des arguments qui susciteront l'intérêt en insistant sur les points forts ; prévoir les objections du lecteur

3. Conclusion devant emporter l'adhésion définitive et annonce de l'envoi de catalogue ou tarif

4. Envoi d'aide à la réponse (carte-réponse ou bulletin de commande)

▬▬▬ Conseils de rédaction

Le client doit avoir l'impression d'une sollicitation individuelle et directe comme le serait la visite d'un représentant. Sous l'aspect d'une lettre ordinaire mais personnalisée, cette offre doit retenir l'attention, éveiller l'intérêt et conduire à la décision d'achat. Il faut donc s'adresser au lecteur directement, avec des phrases courtes en lui proposant la solution à l'un de ses problèmes. Le ton est celui de la conversation, très direct, et cherche à faire réagir le lecteur.

Chaque paragraphe développe un nouvel argument, les arguments essentiels étant placés au début et à la fin du texte. L'émetteur s'implique en utilisant le pronom « nous » et implique le destinataire en le prenant à témoin par des questions, des impératifs.

Lexique

Prospect : personne ou entreprise susceptible de devenir client.

Publipostage ou mailing : opération qui consiste à expédier la même lettre à un nombre important de clients ou de prospects.

EXEMPLE DE MAILING PUBLICITAIRE

Lettre proposant un essai avant abonnement, pour un magazine

Cher Monsieur DUPONT,

En parcourant la semaine dernière, la liste de nos abonnés de Paris, nous avions toutes les raisons d'être satisfaits et même, il faut le dire assez **fiers**.

En effet, en procédant à une analyse, arrondissement par arrondissement, et rue par rue, nous avons constaté que LE POINT compte les **principaux responsables** parmi ses lecteurs.

Le pointage systématique des noms, abonné par abonné, pour le Xe arrondissement, nous a cependant réservé une **surprise** et une **déception** à la lettre « D » : nous avons cherché en vain votre nom, Monsieur DUPONT.

Je suis certain que vous **vous** intéressez à **l'actualité française et internationale**, aux **problèmes économiques, aux mouvements sociaux, aux changements de notre société, à la vie culturelle,…** LE POINT également.

Tous les journaux ont la même préoccupation, me direz-vous. Alors comment expliquer le succès du POINT ? Il découle de la formule même de notre hebdomadaire : les quotidiens, radios et télévisions vous bombardent d'images, de sons, de chocs. **Pour vous chaque semaine, LE POINT classe et explique**.

Dans le succès du POINT, il y a aussi la manière : LE POINT se distingue par son absence de parti pris et son refus d'alignement politique. **LE POINT n'a de compte à rendre à personne**. Il a été créé pour des hommes actifs qui ont, comme vous, peu de temps pour distinguer l'objectif du subjectif, le vrai du faux, le spontané de l'inspiré.

Je pense que vous n'êtes pas de ceux qui se laissent convaincre par une simple lettre (même personnelle). **C'est pourquoi je ne vous propose pas de prendre d'emblée un abonnement**.

En revanche, je suppose que vous n'êtes pas homme, Monsieur DUPONT, à refuser de faire un simple et court essai.

La rentrée, avec sa perspective d'événements importants, est un bon moment pour tester notre journal. **Ne le croyez-vous pas ?**

Avec mes sentiments les meilleurs.

Jean DELANGE

CONSEILS GÉNÉRAUX

SERVICES COMMERCIAUX

SERVICES FINANCIERS

SERVICES ADMINISTRATIFS

RELATIONS HUMAINES

DIVERS

Commande

La commande est un contrat. Par ce contrat, le client s'engage à payer les marchandises commandées au fournisseur et le fournisseur s'engage à délivrer les marchandises au client.
La lettre de commande énumère les articles demandés et précise les conditions de livraison et de paiement.

Objet de la lettre

L'entreprise commande par lettre lorsqu'elle ne possède pas de bons ou bulletins de commande pré-imprimés, ou quand elle ne peut ou ne veut le faire par télécopie (la télécopie n'a aucune valeur juridique) ou télex. La lettre de commande est également utilisée lorsqu'il s'agit d'une première commande ou d'une commande spéciale ne reprenant pas les conditions habituelles fixées par le vendeur et le client.

Cadre juridique

Le contrat de vente existe dès que le vendeur accepte d'exécuter la commande de l'acheteur. Ce contrat crée des obligations pour les deux parties contractantes : le vendeur et l'acheteur.
☐ Obligations du vendeur :
– la marchandise doit être livrée aux lieu et date convenus ;
– la chose livrée doit être conforme à la commande (article 1604 du Code civil) ;
– le vendeur est responsable des défauts qui apparaîtraient après la vente et rendraient l'objet inutilisable (article 1604 du Code civil).
☐ Obligations de l'acheteur :
– prendre livraison des marchandises (article 1608 du Code civil) ;
– payer le prix convenu (article 1650 du Code civil).
☐ En cas d'inexécution des obligations du vendeur, l'acheteur peut demander la résolution du contrat ou la mise en possession de la chose. Si c'est l'acheteur qui ne respecte pas ses obligations, le vendeur peut soit demander la résolution de la vente, soit refuser de livrer la marchandise. En matière commerciale, la preuve de la vente se fait par tous les moyens. L'écrit n'est donc pas obligatoire mais c'est le moyen de preuve le plus facile.

Plan de la lettre

1. Annonce de la commande avec énumération des marchandises, de leur référence et si possible de leur prix
2. Information sur le délai de livraison souhaité
3. Demande de conditions de paiement ou rappel de celles déjà obtenues

Conseils de rédaction

– Employer le présent pour « Nous vous passons commande des articles ci-dessous… »
– Employer le futur pour « Cette commande devra nous être livrée… »
– Employer le conditionnel pour « Nous aimerions bénéficier de vos meilleures conditions de paiement… »

EXEMPLE DE LETTRE DE COMMANDE

Objet :
N/commande n° 534

Thiais,
le 3 mars 200.

Messieurs,

Nous vous prions de bien vouloir nous expédier les articles dont vous trouverez le détail ci-dessous :

- 10 rames de papier pour photocopieur   Réf 1979   8,84 € H.T. l'une,
- 3 boîtes d'étiquettes, 6 × 35,7 mm   Réf 1334   25,91 € H.T. l'une,
- 4 lots de 40 disquettes 3"25   Réf DD 135   29,72 € H.T. l'une.

Vous voudrez bien nous assurer la livraison de ces articles sous quinzaine.

Nous vous serions reconnaissants de bien vouloir nous faire bénéficier de vos meilleures conditions de paiement, et attendons vos propositions à ce sujet.

Nous vous prions de recevoir, Messieurs, nos salutations distinguées.

Le Chef du Sce Achats
G. DURAND

CONSEILS GÉNÉRAUX

SERVICES COMMERCIAUX

SERVICES FINANCIERS

SERVICES ADMINISTRATIFS

RELATIONS HUMAINES

DIVERS

Modification de commande

Le client qui vient d'adresser un ordre à l'un de ses fournisseurs peut le regretter et désirer annuler tout ou partie de cet ordre. Il peut en effet avoir reçu entre temps des propositions plus intéressantes, ou devoir faire face à des événements imprévus. Il lui adresse alors une modification de commande.

Objet de la lettre

La rédaction de cette lettre est délicate car l'acheteur revient sur une décision ferme prise librement. Il ne peut donc exiger du vendeur l'annulation de l'ordre passé mais seulement tenter d'obtenir son accord. Il ne s'agit pas ici d'un cas de force majeure qui pourrait le délier de ses engagements. Les faits sont exposés simplement et l'acheteur doit s'efforcer de prouver que l'erreur commise résulte de circonstances imprévisibles.

Cadre juridique

Comme il ne s'agit pas d'un cas de force majeure, c'est au fournisseur qu'appartient la prise de décision. Il est prudent d'envoyer une lettre recommandée avec accusé de réception pour prouver que la lettre a été expédiée et reçue.

Plan de la lettre

1. Rappel des termes de la commande et de la date
2. Annonce des modifications souhaitées
3. Exposition des raisons motivant ces modifications
4. Espoir d'obtenir l'accord du correspondant et remerciements anticipés. Afin d'attirer favorablement l'attention du vendeur, le client exprimera ses remerciements aussitôt après avoir énoncé sa demande.

Réponse du fournisseur

☐ Réponse positive. S'il s'agit d'une augmentation de commande ou si elle émane d'un client important qui doit être ménagé, le fournisseur acceptera certainement la modification.

Il refusera s'il s'agit d'une commande spéciale en cours d'exécution ou, en cas d'augmentation de la commande, si ses stocks sont insuffisants.

Lorsque le fournisseur accepte la demande d'annulation, il doit le faire sans laisser paraître sa déception, ou mauvaise humeur. Exemple : « Nous avons bien reçu votre lettre du… et selon votre désir, nous annulons votre commande du… Heureux d'avoir pu vous donner satisfaction, nous vous renouvelons, Monsieur, l'assurance de nos salutations dévouées. »

☐ Réponse négative. Le fournisseur donnera les raisons de son refus et attirera l'attention du client sur les conséquences qu'auraient pour lui l'annulation de l'ordre donné : « L'annulation de votre ordre nous contraindrait à appliquer la clause de nos conditions de vente relative aux pénalités prévues en un tel cas. »

QUELQUES EXEMPLES

Lettre de modification de commande (recommandée avec A.R.)

Objet :
Modification de commande

Monsieur,

Par notre lettre du ...... dernier nous vous avons
commandé les articles suivants : ......
—
—
—

Accepteriez-vous de réduire la quantité de ces articles
de moitié ?

En effet, notre nouvelle unité de stockage en
construction devait être terminée la semaine dernière et,
du fait de circonstances imprévues, nous ne pourrons
l'utiliser que dans un mois. Notre capacité de stockage
se trouve donc ainsi réduite par rapport à nos
prévisions.

Nous souhaitons vivement qu'il vous soit possible de
nous donner votre accord sur cette modification de
commande et vous en remercions par avance.

Veuillez agréer, Monsieur, nos salutations distinguées.

Demande d'annulation pure et simple

Objet :
Annulation de N/commande n°

Messieurs,
Le .... dernier, nous vous avons commandé 4 000 m^2
de tuiles pour un chantier à Niort.

Or, le promoteur pour lequel nous devions travailler
vient d'être déclaré en règlement judiciaire et
abandonne de ce fait la poursuite de ce chantier.

Accepteriez-vous, en conséquence, d'annuler notre commande ?

Dans l'espoir qu'il vous sera possible de donner suite à
notre demande, nous vous prions d'agréer, Messieurs, nos
salutations distinguées.

CONSEILS GÉNÉRAUX
SERVICES COMMERCIAUX
SERVICES FINANCIERS
SERVICES ADMINISTRATIFS
RELATIONS HUMAINES
DIVERS

A.R. de la commande (sans problème)

Dès réception de la commande, le fournisseur procède à la vérification de ses stocks. S'il n'y a pas de problème, il accuse réception de la commande au client.

▬▬▬ Objet de la lettre

Le fournisseur avertit son client, avec l'accusé de réception, que la commande est bien enregistrée. Cette lettre n'est pas obligatoire dans le cas de commandes répétitives ou de relations commerciales continues. Elle est toutefois indispensable dans quatre cas : commande passée par téléphone, commande adressée par l'intermédiaire d'un représentant, commandes dont le montant est important ou commandes provenant d'un pays étranger.

▬▬▬ Cadre juridique

Le contrat n'est réellement conclu qu'au moment où le vendeur accepte la vente par l'intermédiaire de l'accusé de réception de commande.

▬▬▬ Plan de la lettre

La lettre d'accusé de réception de la commande reprend chaque partie de la lettre de commande reçue. Elle se découpe en quatre parties :
1. Accusé de réception de la commande avec remerciements
2. Éventuellement pour éviter tout malentendu, rappel du détail des marchandises (surtout lorsque la commande a été prise par un représentant ou par téléphone)
3. Accord ou rappel des conditions de livraison et de paiement
4. Manifester la volonté de donner satisfaction au client

▬▬▬ Formules types

☐ Accusé de réception
« Nous accusons réception de la commande citée en référence et vous en remercions. »
« Nous avons bien reçu votre commande citée… »
« Votre commande citée en référence nous est bien parvenue… »
« Nous vous remercions de votre commande… »
Attention : utiliser à bon escient les termes suivants : « Accusé de réception » pour le substantif et « Accuser réception » pour le verbe.
☐ Rappel des conditions
« Nous procéderons, à la date prévue, à l'expédition de tous les articles. »
« Nous vous rappelons que le règlement est à effectuer par chèque à réception de la facture. »
☐ Conclusion
« Nous nous efforcerons de vous donner entière satisfaction. »
« Nous ferons tout notre possible pour exécuter votre ordre avec soin. »

LETTRE AR DE LA COMMANDE
(sans problème)

Chennevières,
le

N/Réf :
PR
Objet :
V/commande n° 732
P.J. :
Conditions générales de vente

Messieurs,

Vous avez bien voulu confier une commande ci-dessus à notre représentant lors de son passage et nous vous en remercions.

Nous avons le plaisir de vous confirmer que nous sommes en mesure de vous livrer les marchandises commandées, soit :

– 10 rames de papier pour photocopieur	Réf 1979	8,84 € H.T. l'une,
– 3 boîtes d'étiquettes 6 × 35,7 mm	Réf 1334	25,91 € H.T. l'une,
– 4 lots de 40 disquettes 3″25	Réf DD 135	29,72 € H.T. l'une.

Vous trouverez ci-joint nos conditions habituelles de vente. Nous vous assurons une livraison sous quinzaine. En outre, nous avons le plaisir de vous accordrer une remise exceptionnelle de 10 % sur la totalité de cette première commande.

Nous vous assurons que tous nos soins seront apportés à l'exécution de votre ordre.

Veuillez agréer, Messieurs, nos salutations les meilleures.

Le Directeur des Ventes
S. MARTIN

CONSEILS GÉNÉRAUX
SERVICES COMMERCIAUX
SERVICES FINANCIERS
SERVICES ADMINISTRATIFS
RELATIONS HUMAINES
DIVERS

A.R. d'une commande (avec litige)

Des difficultés peuvent surgir dans l'exécution d'une commande. Dans tous ces cas, le fournisseur doit avertir le client au plus vite, en prenant toutes les précautions possibles.

Objet de la lettre

Le client peut avoir été imprécis, avoir fait une erreur de prix, une erreur de délai ou commandé un article inexistant.

Le fournisseur peut avoir à faire face à une rupture de stock ou à un retard de livraison imprévu.

La commande ne peut donc être honorée aux conditions souhaitées par le client.

Un courrier rédigé par le fournisseur doit avertir le client des difficultés. Ce courrier est délicat car il doit permettre de conserver la confiance du client tout en trouvant une solution aux difficultés sur l'affaire en vue.

Lorsque le fournisseur est dans l'incapacité d'exécuter la commande adressée par le client, plusieurs possibilités s'offrent à lui : si le problème vient d'une imprécision ou d'une erreur du client, le fournisseur prend contact avec ce dernier par téléphone afin d'obtenir des précisions ou des rectifications.

S'il s'agit d'une rupture de stock ou d'un retard de livraison à prévoir, le fournisseur doit avertir le client du problème. Il lui propose éventuellement un article de remplacement ou de nouveaux délais de livraison.

Il met ensuite la commande en attente de la confirmation du client.

Cadre juridique

Le fournisseur doit normalement demander confirmation de l'ordre de son client. En effet, le client n'est pas tenu d'accepter un délai de livraison plus long ou la fourniture d'un autre produit que celui commandé : il peut annuler son ordre (article 1610 du Code civil).

Plan de la lettre

1. Accuser réception de la commande et remercier de l'ordre reçu
2. Informer de l'impossibilité d'exécuter la commande dans sa totalité et en donner la raison
3. Présenter des excuses et proposer un article de remplacement, de nouveaux délais ou une solution en développant les arguments qui paraissent susceptibles de faire accepter les modifications par le correspondant
4. Exprimer l'espoir que la solution envisagée aura l'accord de l'intéressé et l'inviter à faire connaître de toute façon sa décision

LETTRES A.R. D'UNE COMMANDE
(avec problème)

Rupture de stock sur un produit

Messieurs,

Votre commande ci-dessus référencée nous est bien parvenue et nous vous en remercions.

Cependant, nous sommes dans l'impossibilité de pouvoir satisfaire pleinement votre demande. En effet, l'article suivant : 4 lots de 40 disquettes 3"25, double face Réf DD 135 que vous demandez est épuisé et la reconstitution du stock nous oblige à vous imposer un délai d'attente de 3 semaines.

Nous vous présentons nos excuses pour ce contretemps et espérons qu'il ne vous causera aucun préjudice. Nous vous proposons en équivalence un produit similaire, référence DD 346 dont vous trouverez tous les détails sur l'imprimé ci-joint.

Nous attendons vos instructions pour la suite à donner à votre commande.

Nous vous prions d'agréer, Messieurs, l'expression de nos sentiments dévoués.

Livraison retardée pour raison d'afflux de commande

Messieurs,

Nous accusons réception de votre commande n° 732 du 25 mars et vous en remercions.

Cependant, nous avons le regret de ne pouvoir vous livrer à la date prévue soit le 9 avril. En effet, le fabricant s'est trouvé dans l'obligation d'allonger ses propres délais de livraison en raison d'un afflux considérable de commandes.

Nous vous prions de nous excuser pour ce contretemps et vous assurons de nos efforts pour vous satisfaire au mieux. Notre stock sera normalement reconstitué le 15 avril et nous pourrons, à partir de cette date, effectuer l'expédition des articles commandés.

Nous vous serions reconnaissants de bien vouloir nous notifier votre accord pour ce report de date de livraison.

Nous vous prions d'agréer, Messieurs, l'expression de nos sentiments dévoués.

CONSEILS GÉNÉRAUX

SERVICES COMMERCIAUX

SERVICES FINANCIERS

SERVICES ADMINISTRATIFS

RELATIONS HUMAINES

DIVERS

Confirmation de livraison

> **Au moment de l'exécution de la commande, l'entreprise a la possibilité d'envoyer à son client un avis d'expédition afin de l'informer de la date d'expédition, de la date de livraison prévue et du nom du transporteur responsable de l'acheminement des marchandises.**

Objet de la lettre

☐ La lettre d'avis d'expédition est une lettre informant l'acheteur de l'expédition des marchandises qu'il a commandées et qui est souvent jointe à la facture. Cet avis est surtout utilisé par les entreprises traitant directement avec une clientèle privée, car il atténue le caractère trop administratif de la facture et apporte une note personnelle aux relations de fournisseur à client.

☐ Elle est indispensable dans tous les cas où l'acheteur a intérêt à être prévenu de l'arrivée de ces marchandises, afin qu'il puisse prendre les dispositions voulues pour les recevoir.

☐ D'autre part, l'acheteur ne sait pas toujours utiliser au mieux ce qui lui a été livré et lorsque du fait de sa maladresse ou de sa négligence, la marchandise ne lui apporte pas les satisfactions qu'il en attendait, il risque de se retourner contre le fournisseur.

Cadre juridique

Il est important d'attirer l'attention de l'acheteur sur les précautions qu'il doit prendre lors de la réception des marchandises et, spécialement sur ses obligations de destinataire en cas d'incident de transport (avarie, manquant, retard...) :

– pour la clientèle commerçante, au courant des lois et usages du commerce, la formule habituelle mentionnée sur la facture ou reproduite en marge de l'avis d'expédition : « Nos marchandises, même expédiées franco, voyagent aux risques et périls du destinataire », est suffisamment claire.

– lorsqu'on s'adresse à une clientèle moins avertie, il vaut mieux être plus explicite et donner au destinataire de l'envoi, dans le texte même de l'avis d'expédition, des recommandations détaillées sur la manière de procéder, à l'arrivée de la marchandise, pour sauvegarder ses droits en cas d'incident dont le transporteur est responsable.

Une grande attention doit être apportée dans la rédaction des clauses fixant l'étendue de la garantie, qui peut être lourde de conséquence pour le vendeur.

Plan de la lettre

1. Annoncer l'expédition en précisant les dates d'expédition, de livraison prévue et le nom du transporteur
2. Assurer que le plus grand soin a été apporté dans la préparation de l'envoi et exprimer l'espoir que le client sera satisfait
3. Faire connaître s'il y a lieu le mode de règlement
4. Souligner la nécessité de vérifier la livraison devant le transporteur et de respecter strictement le mode d'emploi joint à chaque article

EXEMPLES DE LETTRES

Avis d'expédition

Monsieur,

La marchandise que vous nous avez commandée le ..... par votre bon de commande n° ..... a été expédiée ce jour. Elle vous sera livrée le ..... dans la journée par transporteur spécial.

Nous avons apporté tout le soin nécessaire à l'exécution de cette commande et nous espérons qu'elle vous donnera entière satisfaction.

Vous trouverez ci-joint la facture correspondante. Nous vous remercions de bien vouloir nous régler par tout moyen à votre convenance dans les 10 jours suivant la réception de la marchandise.

Nous attirons votre attention sur le fait que cette marchandise voyage aux risques et périls du destinataire et qu'il vous appartient de vérifier tous les colis lors de la livraison. Dans le cas où vous constateriez une avarie ou un manquant, mentionnez vos réserves sur le bon de réception. Ainsi vous préserverez vos droits pour demander des dommages et intérêts au transporteur.

Veuillez agréer, Monsieur, nos salutations distinguées.

Conseils relatifs à l'utilisation de la marchandise

Monsieur,

Nous vous remercions pour votre commande citée en référence.

Les marchandises commandées vous sont expédiées ce jour.

Nous vous remettons ci-joint la facture correspondante que vous voudrez bien régler dès réception, par tout moyen à votre convenance.

Pour obtenir de bons résultats et éviter tout accident, veuillez insister auprès de vos clients sur la nécessité de respecter strictement le mode d'emploi joint à chaque article.

Soyez assurés que les ordres que vous voulez bien nous confier sont toujours exécutés avec le plus grand soin.

Nous vous prions d'agréer, Monsieur, nos salutations distinguées.

CONSEILS GÉNÉRAUX
SERVICES COMMERCIAUX
SERVICES FINANCIERS
SERVICES ADMINISTRATIFS
RELATIONS HUMAINES
DIVERS

Réclamation liée à une erreur de livraison

Le fournisseur peut commettre une erreur de livraison. Il doit alors accepter le retour en port dû des articles non conformes et livrer dans les meilleurs délais les articles commandés.

▬▬▬ Objet de la lettre

C'est un courrier que le client adresse à son fournisseur dans plusieurs situations :
– quand les marchandises reçues sont défectueuses,
– quand les marchandises reçues ne sont pas conformes à la commande,
– quand les quantités n'ont pas été respectées.
Certaines erreurs n'entraînent pas forcément un préjudice immédiat ou important et peuvent être facilement réparables. D'autres peuvent entraîner un « manque à gagner » ou une perte de clientèle pour l'acheteur, et font l'objet de dédommagements.

▬▬▬ Cadre juridique

Normalement, l'erreur doit être constatée lors de la livraison car le client doit vérifier les articles en présence du livreur. Le client émettra des réserves, le cas échéant, sur le bulletin de livraison.
Les réserves faites à la réception doivent être confirmées au fournisseur par lettre recommandée dans les 3 jours ouvrables (non fériés) qui suivent la livraison. Le courrier recommandé permet d'engager une action en justice pour indemnisation du préjudice subi quand une solution à l'amiable entre les deux parties n'est pas possible.

▬▬▬ Plan de la lettre

1. Accuser réception de la livraison en précisant la date
2. Signaler l'erreur ou confirmer les réserves émises lors de la livraison. La réclamation doit être particulièrement précise au niveau de l'erreur constatée (article, réf., coloris, taille, quantité, date, etc.)
3. Demander réparation du préjudice et informer du renvoi des marchandises ou demander instructions au fournisseur. La demande exige une certaine fermeté de ton :
« Nous demandons le remplacement de l'article… par retour. »
« Nous vous prions de faire le nécessaire pour que la livraison soit immédiate. »
4. Émettre le vœu que le problème ne se reproduira plus

Lexique

Port dû : le transport est payé au départ par le vendeur qui le facture ensuite à l'acheteur.

Port payé : le transport est payé par l'acheteur, soit à l'arrivée de la marchandise, soit à la réception de la facture de transport.
Franco de port : le transport est payé par le vendeur, il est gratuit pour l'acheteur.

EXEMPLES DE LETTRES

Articles non conformes à la commande

Lettre recommandée
avec accusé de réception

Objet :   Chennevières,
Erreur de livraison   le 25 mars 200.
Commande n° 58

Messieurs,

Nous accusons réception de votre livraison du 24 mars.

Or, après vérification, nous nous permettons de vous faire remarquer que les articles livrés ne sont pas conformes à ceux commandés (copie de la commande ci-jointe).

Aussi nous vous demandons de bien vouloir nous réexpédier dans les plus brefs délais les articles manquants.

Les articles reçus ne correspondant pas à nos besoins, nous vous les renvoyons en port dû.

Nous espérons qu'un tel incident ne se produira plus.

Veuillez agréer, Messieurs, nos salutations les meilleures.

                                        Le Chef du Service des Achats

Marchandises défectueuses

Lettre recommandée
avec A.R.

Objet :   Chennevières,
V/Livraison n° 307   le 25 mars 200.

Messieurs,

Votre transporteur vient de nous livrer les articles relatifs à notre commande n° 48.

Par la présente, nous vous confirmons les réserves formulées en présence de votre livreur sur le bulletin de livraison à savoir :
— ....
— ....

Aussi, nous vous proposons de conserver ces articles avec une remise de 10 % afin de pouvoir effectuer une vente promotionnelle.

Nous vous prions d'agréer, Messieurs, nos salutations distinguées.

CONSEILS GÉNÉRAUX
SERVICES COMMERCIAUX
SERVICES FINANCIERS
SERVICES ADMINISTRATIFS
RELATIONS HUMAINES
DIVERS

Réponse du fournisseur à une réclamation justifiée

Cette lettre donne des explications ou des justifications au client mécontent. Elle doit essayer de maintenir une bonne image de l'entreprise.

▬▬▬ Objet de la lettre

Le fournisseur doit toujours mettre en avant son désir de régler l'incident au mieux.

La lettre de réponse à une réclamation justifiée doit faire sentir le prix que le fournisseur attache à sa clientèle. Elle insiste davantage sur les solutions positives qu'elle apporte que sur les raisons négatives expliquant l'incident. S'il y a préjudice, le fournisseur va proposer réparation.

Le fournisseur terminera sa lettre en demandant l'indulgence du client et en assurant qu'un tel fait ne se reproduira plus.

▬▬▬ Cadre juridique

Par le contrat de vente, l'obligation est faite au vendeur de livrer exactement la chose convenue. L'article 1641 du Code civil rend le fournisseur responsable, il doit donc réparation. Le client est en droit d'attendre des marchandises de parfaite qualité ; il peut exiger la livraison d'une pièce de remplacement. Le défaut signalé aurait dû être détecté lors du contrôle qui suit la fabrication.

▬▬▬ Plan de la lettre

1. Accuser réception de la lettre citée en objet concernant la livraison erronée n°…
2. Présenter des excuses et tenter de donner une explication à cette faute
3. Expliquer la faute en insistant sur l'attention portée à la réclamation du client
4. Proposer une réparation s'il y a eu préjudice
5. Solliciter l'indulgence du client et promettre d'éviter le retour d'un tel fait

▬▬▬ Conseils de rédaction

Il n'appartient pas au fournisseur de qualifier l'erreur, on évite donc « petite erreur », « léger incident ». Il ne doit pas non plus insister sur sa responsabilité : il s'excuse mais n'abuse pas de mots tels que « regretter, déplorer, dommage, préjudice ». Lorsque la réclamation est fondée, le fournisseur commence par donner raison au client et lui dire que sa réaction est tout à fait compréhensible.

Dans la mesure du possible, il faut éviter les raisons qui terniraient l'image de marque de l'entreprise (mauvaise organisation du travail, du personnel etc…). Il ne faut invoquer une grève, un cas de force majeure (inondation, incendie) que si le fait s'est réellement produit, ce qui ne peut être qu'exceptionnel. La faute ne doit jamais être rejetée sur un collaborateur.

Montrer que la faute a donné lieu à une enquête sérieuse afin d'en retrouver la raison. Le client comprend ainsi l'impression que sa demande a retenu l'attention qu'elle méritait.

EXEMPLES DE LETTRES

Objet :
V/réclamation du …

Messieurs,

Par votre lettre du ....., vous nous informez qu'une partie des articles que nous vous avons livrés le ..... est défectueuse.

Nous regrettons vivement que ce fait ait échappé à nos services de contrôle et vous prions de bien vouloir nous en excuser.

En cette période de vacances, nous avons dû faire appel à un personnel intérimaire qui, tout en étant très consciencieux, manque encore d'expérience.

Afin de vous permettre de respecter les exigences de votre fabrication, nous vous expédions aujourd'hui même, en régime accéléré et en port payé les articles de remplacement. Accepteriez-vous de conserver les pièces défectueuses moyennant un rabais de 30 % sur les prix de notre tarif ?

Nous vous prions de ne pas nous tenir rigueur de cet incident aussi involontaire qu'exceptionnel et espérons que ce contretemps n'aura pour vous aucune conséquence préjudiciable.

Nous vous prions de croire, Messieurs, en notre entier dévouement.

Messieurs,

Nous accusons réception de votre courrier nous indiquant que vous aviez reçu de la marchandise que vous n'aviez pas commandée.

Après enquête dans nos services, il s'avère que nous vous avons expédié une commande destinée à un autre client.

Nous vous prions de bien vouloir nous excuser pour cette regrettable erreur, et vous demandons de bien vouloir conserver cette marchandise en dépôt jusqu'à ce que notre transporteur passe la récupérer d'ici quelques jours.

Nous vous renouvelons nos excuses pour le dérangement que nous avons pu vous causer. Nous vous prions de croire, Messieurs, à l'assurance de nos salutations les meilleures.

CONSEILS GÉNÉRAUX

SERVICES COMMERCIAUX

SERVICES FINANCIERS

SERVICES ADMINISTRATIFS

RELATIONS HUMAINES

DIVERS

Réclamation au transporteur

> Avant de prendre livraison d'une commande, si l'on constate des manquants ou des avaries, il faut exprimer des réserves sur le bon de livraison et les confirmer obligatoirement par courrier.

Objet de la lettre

Les marchandises voyagent aux risques et périls du destinataire, c'est donc à lui d'intervenir auprès du transporteur en cas de problème.

☐ Si la réclamation concerne des avaries ou manquants constatés lors de la livraison : le client doit inviter le livreur à constater la nature et l'importance des avaries. La description précise et détaillée des faits constatés sera consignée sur le registre du transporteur ou sur la feuille d'émargement (bon ou bulletin de livraison) et signée par le destinataire et le livreur. Ces réserves doivent être confirmées au transporteur dans les trois jours qui suivent par lettre recommandée adressée au transporteur.

☐ Si la réclamation concerne des avaries ou manquants constatés après avoir pris livraison : l'acheteur doit prouver par expertise, par témoins, ou de toute autre manière, que les avaries ou les manquants se sont produits alors que la marchandise était encore sous la garde du transporteur. Il doit faire des réserves par écrit dans la même forme et les mêmes délais que dans le cas précédent.

☐ Si la réclamation concerne un retard de livraison : le destinataire doit notifier ses réserves au transporteur par lettre recommandée. Il constate le retard, demande la mise à disposition des marchandises et formule des réserves quant au préjudice subi du fait du retard de livraison. Il avise également le fournisseur.

Cadre juridique

Le transporteur, par le contrat de transport, assume l'obligation de transporter une chose d'un point à un autre, dans des conditions et des délais déterminés. S'il n'exécute pas son obligation, il commet une faute de nature contractuelle (Code civil art. 1147).

C'est à lui de faire la preuve que le dommage ne lui est pas imputable (cas de force majeure, faute de l'expéditeur, faute du destinataire ou faute d'un tiers).

Plan de la lettre

1. Accuser réception de la livraison en rappelant la date
2. Les réserves sont reprises et détaillées. Comme toute lettre de réclamation, la notification doit exposer les faits et décrire le dommage
3. Demander réparation du préjudice (livraison ou indemnisation)

Lexique

Cas de force majeure : événement qu'on ne peut empêcher et dont on n'est pas responsable (foudre, éboulement, inondation)

Avarie : dommage survenu aux marchandises au cours d'un transport.

EXEMPLES DE LETTRES

Confirmation de réserves

Lettre recommandée avec A.R.

Objet :
V/ livraison du

Monsieur,

Nous vous rappelons que vous avez assuré le .... le transport et la livraison de marchandises commandées à notre fournisseur ....

Par la présente, nous vous confirmons les réserves formulées sur le bon de livraison, à savoir :
—
—
—

Ces avaries ont d'ailleurs été confirmées par le livreur.

Votre responsabilité étant engagée, nous vous demandons de faire le nécessaire auprès de notre fournisseur pour que soit assuré dans les meilleurs délais le remplacement des articles défectueux.

Nous comptons sur un règlement rapide du litige et vous prions d'agréer, Monsieur, nos salutations distinguées.

Retard de livraison

Lettre recommandée avec A.R.

Messieurs,

La société X..... vous a remis le 15 mai dernier trois colis contenant des pièces détachées pour machine à laver, qui, auraient dû nous être livrés le 17. Or, à ce jour, nous n'avons toujours rien reçu.

Nous vous mettons en demeure, par la présente lettre, de mettre l'expédition concernée à notre disposition dans les plus brefs délais. Nous faisons toutes les réserves en ce qui concerne le préjudice que nous cause ce retard.

Veuillez agréer, Messieurs, nos salutations distinguées.

CONSEILS GÉNÉRAUX

SERVICES COMMERCIAUX

SERVICES FINANCIERS

SERVICES ADMINISTRATIFS

RELATIONS HUMAINES

DIVERS

Appel d'offres

L'appel d'offres est un moyen de contacter divers fournisseurs afin de connaître leurs conditions de vente. L'entreprise a recours à ce moyen lorsqu'elle a besoin d'un article qu'elle n'a jamais commandé, ou si le fournisseur habituel de cet article ne convient plus.

◼ Objet

☐ L'appel d'offres est une demande de prix. Il permet de prendre contact avec les fournisseurs susceptibles de livrer l'article désiré. Les demandes de prix concernent des fournitures ou des travaux qui ne sont pas de série, pour lesquels le vendeur ne peut établir de catalogue ou de tarif. Ce dernier procède à une étude individuelle de la demande pour fixer ses conditions d'exécution qui seront décrites de manière détaillée dans un document spécial appelé « devis ».

☐ Après avoir établi une liste de fournisseurs potentiels, l'acheteur fait un appel d'offres en précisant uniquement la nature et les caractéristiques de ce qu'il désire acheter, il laisse alors au fournisseur le soin de déterminer les conditions de son offre. Il peut aussi indiquer les délais et modalités de livraison dont il aura besoin, ou ses conditions d'achat en indiquant comment devront lui être expédiées les marchandises, comment il entend payer…

☐ À la réception des réponses des fournisseurs, chaque proposition est étudiée attentivement. La comparaison entre les différentes propositions est faite sous forme d'un tableau qui doit faire apparaître :

– le montant de la commande hors-taxes

– les délais de livraison

– les conditions de paiement

– les observations diverses : service après-vente, garantie…

La décision finale est prise en fonction du meilleur rapport qualité/prix.

◼ Cadre juridique

Comme la demande de documentation, l'appel d'offres est une demande de renseignements. Il ne constitue en aucun cas un engagement auprès du fournisseur.

Par contre, si le fournisseur est intéressé, il fait une proposition par lettre ou par l'intermédiaire d'un représentant.

Cette proposition est appelée « offre ferme » car le fournisseur s'engage, par cette opération, à respecter les conditions indiquées dans sa réponse – du moins pendant un certain temps (durée de validité de l'offre).

◼ Plan de la lettre

1. Demande de prix et précision de l'objet de l'appel d'offres
2. Précision ou non des conditions d'achat du demandeur
3. Invitation à demander tout renseignement utile

EXEMPLES

Appel d'offres sans précision

Monsieur,

Nous vous prions de nous indiquer votre meilleur prix, pour la fourniture de .... ainsi que vos conditions de vente.

La livraison devrait se faire pour le .... prochain, au plus tard à ....

Nous nous tenons à votre disposition pour vous donner tout renseignement qui vous serait utile afin d'établir votre offre.

Veuillez agréer, Monsieur, l'assurance de nos salutations distinguées.

Appel d'offres avec conditions d'achat

Messieurs,

Nous vous prions de nous indiquer votre meilleur prix pour la fourniture de ....

La livraison devrait se faire en franco de port à ...., pour le .... prochain au plus tard.

Le règlement aurait lieu à 60 jours fin de mois par lettre de change payable à la Banque suivante : ....

Nous nous tenons à votre disposition pour vous donner tout renseignement qui pourrait vous être utile pour établir votre offre.

Veuillez agréer, Messieurs, l'assurance de nos salutations distinguées.

CONSEILS GÉNÉRAUX
SERVICES COMMERCIAUX
SERVICES FINANCIERS
SERVICES ADMINISTRATIFS
RELATIONS HUMAINES
DIVERS

Envoi de règlement

À la réception de la facture, le client doit procéder au règlement de celle-ci. Si le règlement s'effectue au comptant, le paiement se fera immédiatement à l'aide d'un chèque. Si le règlement se fait à crédit, le fournisseur établit une traite qu'il envoie au client pour acceptation.

Paiement par chèque

☐ Objet de la lettre

Le mode de paiement au comptant le plus couramment utilisé est le chèque bancaire. Ce dernier doit être envoyé au fournisseur dans les 48 h suivant la réception de la facture et l'on doit y joindre une lettre d'accompagnement.

Cette opération administrative fréquente donne lieu le plus souvent à l'emploi d'une lettre-type, complétée par insertion de variables au clavier.

☐ Plan

1. Accuser réception de la facture
2. Annoncer l'envoi du chèque en précisant son montant et son numéro
3. Souhaiter une bonne réception

Paiement par lettre de change

☐ Objet de la lettre

S'il s'agit d'un paiement à crédit (à 30, 60 ou 90 jours de fin de mois), le moyen de paiement adopté le plus fréquemment est la lettre de change. C'est le fournisseur qui l'établit. Il l'envoie au client accompagnée de la facture et d'une demande d'acceptation de la traite.

☐ Plan

1. Annoncer l'envoi de la facture et de la traite en précisant le montant
2. Demander l'acceptation de la traite et son retour rapide
3. Souhaiter une bonne réception des documents

☐ Conseils de rédaction

La correspondance relative aux envois de valeurs ne doit pas contenir de commentaire et ne doit pas plaider une cause. Il s'agit de simples avis d'envoi, brefs mais très précis que s'adressent les parties intéressées.

Lexique

Payable à réception : règlement au comptant.

Lettre type : lettre circulaire réutilisable, à quelques modifications près (date, destinataire, ...).

Traite : appelée également lettre de change, c'est un document par lequel une personne, le tireur (le fournisseur), donne l'ordre à une autre personne, le tiré (le client), de payer à un bénéficiaire (le tireur lui-même ou sa banque) une certaine somme à une date déterminée.

Acceptation d'une traite : signature du tiré par laquelle il s'engage à payer le montant de la traite à l'échéance prévue.

Échéance : c'est la date à laquelle le client doit payer sa dette.

EXEMPLES DE LETTRES

Lettre d'accompagnement de chèque (envoi du client)

Messieurs,

Nous avons bien reçu votre facture N° .... du ....

Nous vous prions de bien vouloir trouver, ci-joint, un chèque n° .... d'un montant de .... € en règlement de notre dette.

Nous vous en souhaitons bonne réception et vous prions d'agréer, Messieurs, nos salutations distinguées.

Lettre d'accompagnement de traite (envoi du fournisseur)

Messieurs,

Nous vous prions de bien vouloir trouver, ci-joint, notre facture n° .... d'un montant de .... ainsi qu'une traite à échéance au .... d'un même montant.

Veuillez l'accepter et nous la faire parvenir par retour du courrier.

Nous vous souhaitons bonne réception de ces documents et vous prions d'agréer, Messieurs, nos salutations dévouées.

Lettre-chèque avec demande de reçu
(utilisée par exemple par les études notariées)

Messieurs,

Vous trouverez ci-dessous un chèque n° .... d'un montant de .... € en règlement de notre commande .... (votre facture ....).

Nous vous remercions de bien vouloir nous retourner le double de cette lettre datée et signée avant de remettre le chèque à l'encaissement.

Vous en souhaitant bonne réception, nous vous prions d'agréer, Messieurs, nos meilleures salutations.

CONSEILS GÉNÉRAUX
SERVICES COMMERCIAUX
SERVICES FINANCIERS
SERVICES ADMINISTRATIFS
RELATIONS HUMAINES
DIVERS

Facturation

S'il n'existe pas de présentation obligatoire de facture, la loi impose d'y faire figurer un certain nombre de mentions obligatoires. C'est un document très important puisqu'il représente la créance du fournisseur sur le client.

▬▬▬ Objet du document

La facture est rédigée par le fournisseur et détaille le prix des marchandises ou des services que devra payer l'acheteur après avoir été livré. Elle est établie soit avant la livraison et remplace alors le bon de livraison, soit après la livraison lors du retour du bon de réception ou du bordereau de transport.

Ce document doit être obligatoirement enregistré en comptabilité : il est la preuve d'une opération de vente ou d'achat.

▬▬▬ Cadre juridique

L'ordonnance n° 86-1243 du 1er décembre 1986 relative à la liberté des prix et de la concurrence prévoit les modalités de rédaction des factures. Elle précise que tout achat de produit ou toute prestation de service pour une activité professionnelle doit faire l'objet d'une facturation. Le vendeur est tenu de délivrer la facture dès la réalisation de la vente ou de la prestation du service. L'acheteur doit la réclamer.

La facture est obligatoirement établie en deux exemplaires. Le vendeur et l'acheteur doivent en conserver chacun un exemplaire.

Un certain nombre de mentions doivent figurer obligatoirement sur la facture, notamment les remises, ristournes et rabais accordés. Cela peut permettre au législateur de contrôler que les règles de la concurrence jouent et que les avantages consentis par certaines entreprises à d'autres entreprises sont faits au grand jour. Une amende pouvant aller jusqu'à 76 225 € peut être infligée à l'auteur d'une facture si une seule des mentions obligatoires n'y figure pas.

▬▬▬ Présentation du document

☐ L'en-tête :
– identification du fournisseur (nom et adresse, numéro de téléphone, de télex, de registre de commerce, numéro de TVA intracommunautaire)
– nom et adresse du client, numéro de TVA intracommunautaire
– numéro, date et lieu de création de la facture
– conditions de vente et renseignements divers comme le numéro du client, de la commande correspondante
☐ Le corps du document :
– dénomination et quantité précise des produits vendus ou des services rendus
– prix unitaire hors TVA
– mention de tout rabais, remise ou ristourne
– total hors taxe
– montant de la TVA et net à payer

FACTURE TYPE

Raison sociale
Siège social
Activité
RC
N° intracommunautaire

CLIENT :
Nom et adresse
N° intracommunautaire

Facture de Doit n°		N° client	N° commande

à . . . .
Le . . . .

Réf.	Désignation	Qté	PU HT	PT HT	TVA

Total HT . . . .

TVA 19,6 % . . . .

Rabais, Remise,
Ristourne . . . .

Net à payer . . . . . .

Réserves de propriété (loi du 12/05/80 n° 80 335)
La marchandise reste la propriété du vendeur jusqu'à complet paiement
du prix.
Toutefois la responsabilité des marchandises est transférée à
l'acheteur dès délivrance.

CONSEILS GÉNÉRAUX
SERVICES COMMERCIAUX
SERVICES FINANCIERS
SERVICES ADMINISTRATIFS
RELATIONS HUMAINES
DIVERS

Réclamation pour incident de règlement

Lors du paiement de la facture par le client, le fournisseur peut avoir à faire face à certains incidents : chèque mal rempli, ou incomplet, lettre de change retournée impayée.

■■■■■ Paiement par chèque

☐ Objet de la lettre. Quand l'entreprise constate une erreur sur le chèque envoyé par le client (oubli de signature ; montant ; nom du bénéficiaire, numéro de compte postal à créditer erronés ; ratures importantes), elle envoie un courrier pour demander soit de compléter le chèque qu'elle retourne, soit de refaire le chèque qu'elle retourne.

☐ Plan   1. Accuser réception du règlement et remercier
         2. Informer de l'erreur trouvée
         3. Demander un nouveau titre de paiement conforme à la facture

■■■■■ Paiement par lettre de change

☐ Objet de la lettre. Après avoir reçu de sa banque un avis d'impayé, spécifiant ou non le motif du refus, le créancier va se mettre en rapport avec son débiteur pour obtenir le règlement de sa facture dans les plus brefs délais. La demande de règlement portera sur le principal augmenté des frais de retour de l'effet.

Le contenu et le ton de la lettre varient selon qu'il s'agit, d'un débiteur qui a toujours été très ponctuel dans ses règlements et dont le crédit est considéré comme tout à fait sûr ou d'un débiteur qui n'en est pas à sa première défaillance à l'égard de l'entreprise.

Les motifs de non-paiement le plus souvent rencontrés sont : une gêne passagère de trésorerie, une négligence (le débiteur n'a pas prévenu l'établissement domiciliataire), ou encore la mauvaise foi du débiteur.

☐ Cadre juridique. Lorsque le débiteur accepte l'effet de commerce, il s'engage à approvisionner son compte à la date de l'échéance. De plus, il doit prévenir sa banque dix jours avant l'échéance que la banque du bénéficiaire va réclamer le paiement de l'effet.

En cas de non-paiement de l'effet à l'échéance, le bénéficiaire doit faire dresser un protêt pour défaut de paiement par un huissier dans les deux jours ouvrables qui suivent l'échéance.

☐ Plan   1. Informer du retour de l'effet impayé
         2. Exprimer la surprise causée par le retour
         3. Demander le paiement immédiat (valeur nominale + frais) par tout moyen
         4. Formuler l'espoir de recevoir rapidement le règlement attendu

Lexique

Établissement domiciliataire : banque qui est chargée de payer la traite au nom du débiteur

Principal ou valeur nominale : montant inscrit sur la traite.

EXEMPLES DE LETTRES

Réclamation pour erreur dans le libellé du chèque

Messieurs,

Votre règlement par chèque concernant notre facture N° .... du .... nous est bien parvenu et nous vous en remercions.

Vous nous avez toutefois adressé un chèque de .... au lieu de .... € dus.

Aussi, nous vous serions reconnaissants de nous envoyer dans les plus brefs délais un nouveau chèque de .... € correspondant au montant de la facture.

Veuillez croire, Messieurs, à l'assurance de nos salutations très distinguées.

Réclamation pour lettre de change impayée

Messieurs,

Notre banque nous retourne, impayée, la lettre de change de .... €, que nous avions tirée sur vous à fin ...., pour solde de notre facture du ....

Cet effet ayant été accepté par vous, nous sommes très surpris de ce retour et espérons qu'il s'agit d'une erreur ou d'un malentendu.

En conséquence, veuillez nous adresser, par tout moyen à votre choix, le montant ci-dessus indiqué, augmenté des frais de retour, soit au total .... € par un prochain courrier.

Nous vous remercions par avance de la rapidité de votre règlement.

Veuillez agréer, Messieurs, nos salutations distinguées.

CONSEILS GÉNÉRAUX

SERVICES COMMERCIAUX

SERVICES FINANCIERS

SERVICES ADMINISTRATIFS

RELATIONS HUMAINES

DIVERS

Demande de crédit à un fournisseur

En règle générale, le paiement des commandes s'effectue au comptant. Cependant, les entreprises peuvent demander l'ouverture d'un compte chez un fournisseur.

Objet de la lettre

☐ La lettre de demande de crédit à un fournisseur peut, selon les circonstances, être une demande d'ouverture de compte ou la confirmation d'un accord de crédit. Après enquête ce dernier peut accepter la demande de son client et lui faire bénéficier d'un délai de paiement de 30, 45 ou 60 jours.

☐ Ce genre de courrier relatif au règlement est très spécifique. Il doit être précis et argumenté afin d'obtenir une réponse favorable du fournisseur. L'argumentation de la demande doit être efficace et le fournisseur doit sentir une certaine « transparence » s'installer dans ses relations avec le client. Il faudra donc évoquer :
– le sérieux de la gestion et la rigueur dans le respect des échéances ;
– l'intérêt commercial du fournisseur à conserver ce client et accueillir favorablement sa demande en évoquant le volume des achats passés et futurs et éventuellement des programmes de promotions annuelles (foires périodiques de votre ville ; « anniversaire ») et chiffre d'affaires correspondant ;
– la disponibilité du client pour communiquer au fournisseur tout renseignement bancaire lui permettant une décision.

☐ S'il s'agit d'un démarrage de relations avec un nouveau fournisseur, il est maladroit de faire cette demande par écrit sans un entretien, au moins téléphonique, préalable.

Cadre juridique

Que l'on soit démarché par un représentant ou que l'on prenne l'initiative du contact, les délais de paiement se négocient toujours avant d'être confirmés par courrier.

En outre, la négociation doit être menée avec le « patron » si le fournisseur est une PME, avec le directeur commercial si c'est une entreprise solidement structurée. Le représentant du fournisseur n'est qu'un intermédiaire qui peut néanmoins appuyer les arguments du client pour l'aider à enlever la décision.

Plan de la lettre

1. Évocation de la situation commerciale actuelle entre le client et le fournisseur ou rappel de négociations téléphoniques
2. Confirmation de la demande d'ouverture de compte avec autorisation de délais de paiement
3. Argumentation pouvant influencer la décision du fournisseur
4. Proposition de communication de renseignements bancaires

EXEMPLES DE LETTRES

Demande d'ouverture de compte chez un fournisseur

Messieurs,

Nous vous passons chaque mois des commandes fréquentes, chacune souvent pour des montants minimes.

En conséquence, nous vous serions très obligés de bien vouloir nous indiquer s'il ne serait pas possible d'effectuer un relevé de facture à fin de mois, que nous vous réglerions à ordre à 30 jours.

Cela nous permettrait, réciproquement, de diminuer les frais administratifs et d'alléger la gestion de nos comptes.

Nous nous tenons à votre disposition pour vous communiquer tous renseignements bancaires nous concernant.

Nous espérons une réponse favorable de votre part. Nous vous prions d'agréer, Messieurs, nos salutations distinguées.

Confirmation d'un accord de crédit

Monsieur le Directeur commercial,

Nous avons le plaisir de faire suite à l'entretien que vous avez bien voulu nous accorder ce jour, et dont nous vous remercions. Nous avons pris acte de votre accord sur les points suivants :

— ouverture d'un compte au nom de notre société, dans vos livres ;
— autorisation à notre société de payer, le 10 de chaque mois, les marchandises reçues plus de 60 jours avant la fin du mois précédent.

Nous avons bien noté que notre société devrait payer dès leur enlèvement, les achats d'un montant inférieur à ... €.

Nous vous remercions de votre collaboration et vous prions d'agréer, Monsieur le Directeur commercial, nos salutations les meilleures.

CONSEILS GÉNÉRAUX
SERVICES COMMERCIAUX
SERVICES FINANCIERS
SERVICES ADMINISTRATIFS
RELATIONS HUMAINES
DIVERS

Demande de délai de paiement

Lorsque vous n'allez pas pouvoir tenir vos engagements de règlement auprès de votre fournisseur, vous devez l'en informer le plus tôt possible sans attendre la réclamation de ce dernier.

▬▬▬ Objet de la lettre

Le débiteur qui a des difficultés de paiement se trouve dans une situation gênante et la démarche qu'il entreprend auprès de son créancier est délicate. Le but est d'obtenir un délai de paiement supplémentaire et l'attitude à tenir est celle de la franchise. On expose les faits simplement en donnant les raisons qui conduisent à cette demande : défaillance d'un client important ou mévente due à la conjoncture, ou aux difficultés rencontrées dans la profession.

Il serait maladroit d'invoquer des raisons pouvant donner une mauvaise image de l'entreprise :

– grève du personnel ;
– difficultés de recouvrement de sommes dues par le client ;
– ralentissement de l'activité en raison de la concurrence d'un autre fabricant.

Lorsque l'on donne des raisons liées à des événements exceptionnels (incendie, inondation), ces faits doivent être contrôlables.

Après avoir donné l'origine des difficultés, on propose une solution au créancier : report d'échéance dans la majorité des cas ou paiement échelonné. Cette proposition doit être réfléchie et a pour objet de prouver la bonne volonté du débiteur. Il faut faire attention de ne pas s'engager dans des propositions irréalisables. Pour renforcer la crédibilité de la proposition, on peut, le cas échéant, faire allusion à la ponctualité des règlements précédents.

▬▬▬ Plan de la lettre

1. Rappeler les engagements financiers pris lors de la commande et exprimer des regrets de ne pouvoir assurer le règlement prévu
2. Donner une explication de l'origine des difficultés
3. Demander une prorogation d'échéance exceptionnelle
4. Espérer l'accord du fournisseur et exprimer des remerciements anticipés.

▬▬▬ Expressions à utiliser

« Nous vous serions reconnaissants de bien vouloir proroger l'échéance de … » ; « Nous nous permettons de solliciter un report de paiement … » ; « Nous vous prions de nous accorder un délai de paiement pour … ».

Lexique

Prorogation d'échéance : report d'échéance.

Effet de commerce : instrument de crédit par lequel le fournisseur accorde un délai de paiement à son client.

Traite : appelée également lettre de change, la traite est un effet de commerce par lequel une personne, le tireur (le client), donne à une autre personne, le tiré (la banque), l'ordre de payer à une date déterminée, l'échéance, une certaine somme au profit d'une troisième personne, le bénéficiaire (le fournisseur).

EXEMPLES DE LETTRES

Monsieur le Directeur,

À la fin de ce mois vient à échéance la traite n° ....
de .... € en règlement de votre facture n° ....

Nous avons le regret de vous informer qu'en raison de
difficultés financières passagères, il ne nous sera
pas possible d'honorer cette traite.

C'est pourquoi, nous vous prions de nous accorder
exceptionnellement, un report d'échéance de cet effet
au ....

Nous espérons que la régularité de nos règlements
antérieurs vous permettra de répondre favorablement à
notre demande et vous en remercions.

Nous vous assurons, Monsieur le Directeur, l'assurance
de notre considération distinguée.

Monsieur,

Nous avons bien reçu votre facture N° .... du ....
ainsi que votre traite à échéance le ....

En raison d'une panne importante sur l'une des chaînes de
fabrication, le niveau de notre production et donc de nos
ventes a nettement diminué, ce qui a eu des conséquences
immédiates sur notre trésorerie. Nous nous trouvons de ce
fait, dans l'impossibilité de faire face à notre échéance.

Nous vous serions très reconnaissants de bien vouloir
annuler la lettre de change au .... et d'en créer une
nouvelle au ...., tous frais et intérêts de retard à
notre charge.

Par avance, nous vous remercions de la bienveillance
avec laquelle vous examinerez notre demande.

Veuillez agréer, Monsieur, nos salutations distinguées.

CONSEILS GÉNÉRAUX
SERVICES COMMERCIAUX
SERVICES FINANCIERS
SERVICES ADMINISTRATIFS
RELATIONS HUMAINES
DIVERS

Réponse à une demande de délai de paiement

Lorsqu'un client demande une prorogation d'échéance, le fournisseur donnera certainement son accord en fonction de la régularité des paiements antérieurs.

▬▬ Objet de la lettre

☐ Si le fournisseur décide d'accepter le report d'échéance, il doit le faire sans réticence et ne montrer aucun mépris ni ironie. Cependant il est recommandé de marquer le caractère exceptionnel de l'acceptation afin de ne pas inciter le client à prendre le nouveau délai accordé comme délai habituel.

☐ Bien que cette mesure comporte pour lui des inconvénients (nécessité de créer une nouvelle traite, rentrée de fonds retardée), le fournisseur n'hésite pas à répondre positivement à un bon client.

☐ En revanche, s'il obtient de mauvais renseignements sur son débiteur ou que ce dernier soit coutumier des incidents de règlement, il formule un refus. Ce refus doit être courtois mais ferme et invoquer les propres difficultés du créancier (limites de crédit bancaire atteintes, obligation de faire face à ses propres engagements).

▬▬ Cadre juridique

Le porteur d'une lettre de change doit la présenter au paiement au plus tard dans les dix jours qui suivent la date d'échéance. En cas de non-paiement de la traite à l'échéance, le bénéficiaire doit faire dresser un protêt pour défaut de paiement par un huissier dans les deux jours ouvrables qui suivent l'échéance. Il pourra alors se retourner contre le client.

▬▬ Plan de la lettre

☐ Si la réponse est positive :
1. Accuser réception de la demande en précisant la date et l'objet
2. Accorder le délai en précisant le caractère exceptionnel de la chose
3. Aviser le client de la création d'une nouvelle traite en précisant le montant et la nouvelle échéance
4. Espérer que le délai de paiement supplémentaire permettra au client de rétablir la situation

☐ Si la réponse est négative :
1. Accuser réception de la demande en précisant la date et l'objet
2. Formuler le refus en donnant une explication plausible
3. Regretter de ne pouvoir aider le client

Lexique

Échéance à vue : la traite est payable sur présentation.

Échéance à date : la traite est payable à la date indiquée.

Protêt : acte d'huissier constatant le refus de paiement.

EXEMPLES DE LETTRES

Réponse positive

Monsieur,

Nous accusons réception de votre lettre du ...., nous demandant de proroger de .... mois l'échéance de la lettre de change d'un montant de .... € à échéance de ....

En raison des excellentes relations que nous entretenons, il nous est possible, exceptionnellement, de vous donner notre accord.

L'effet n'étant pas encore en circulation, nous pouvons l'annuler. Il vous sera donc présenté une nouvelle traite d'un montant de .... (montant initial + frais) à échéance du ....

Nous sommes heureux d'avoir pu apporter une réponse favorable à votre demande.

Nous vous prions d'agréer, Monsieur, nos salutations distinguées.

Réponse négative

Monsieur,

Nous avons bien reçu votre lettre du ...., nous demandant de reporter au .... la lettre de change n° .... tirée sur vous en règlement de la facture n° ....

Il nous est malheureusement impossible de donner une suite favorable à votre requête car nous sommes obligés de faire face à nos propres engagements.

Nous regrettons de n'avoir pu vous donner satisfaction.

Veuillez agréer, Monsieur, nos salutations dévouées.

CONSEILS GÉNÉRAUX

SERVICES COMMERCIAUX

SERVICES FINANCIERS

SERVICES ADMINISTRATIFS

RELATIONS HUMAINES

DIVERS

Premier rappel de règlement

Certains clients ne règlent pas leurs factures dans les délais prévus par simple oubli ou en raison de difficultés passagères de trésorerie. Le fournisseur procède à un 1ᵉʳ rappel.

Objet de la lettre

☐ Rappeler à un client qu'il doit de l'argent n'est pas une démarche aisée. Le but est de se faire payer mais sans pour cela perdre le client. Dans cette optique, certaines entreprises se contentent, pour une première relance, d'envoyer au client une copie de la facture portant la mention « Rappel ».

☐ On peut toutefois écrire une première lettre de rappel dans laquelle il faut prétexter la vérification des comptes-clients. Il ne faut pas perdre de vue que le client doit être considéré comme bon payeur tant qu'on n'a pas la preuve de sa mauvaise foi. Le ton doit être courtois. On constate juste le fait que le règlement n'a pas encore été effectué sans souligner le retard. On ne fixe aucun délai impératif et on joint une copie de la facture dans l'hypothèse où le client n'aurait pas reçu l'original.

☐ En revanche, si l'on a affaire à un client dont l'habitude est de payer en retard, cette première lettre de relance peut être plus impérative et exiger un paiement par retour du courrier.

Plan de la lettre

1. Suite à une vérification, constater l'absence d'un règlement
2. Supposer qu'il s'agit d'un oubli
3. Demander de ne pas tenir compte de la requête si le paiement a été effectué entre-temps
4. Remercier par avance du règlement

Outils de rédaction

Les rappels de règlement revêtent souvent la forme de lettres-types ou de formulaires imprimés qui accentuent le caractère impersonnel du rappel et lui donne un aspect administratif. Il est préférable que le rappel ne porte pas la signature du chef d'entreprise, mais un simple cachet commercial.

Le ton utilisé varie suivant le type de client avec lequel on est en relations d'affaires : on ne s'exprime pas de la même façon avec un client mauvais payeur habituel et avec un client qui, en toute bonne foi, a laissé passer une date de règlement. On peut employer la forme passive qui permet d'atténuer certaines affirmations.

Exemples :

« En procédant à la vérification de nos comptes, nous constatons que … »

« Notre service comptable nous informe que votre compte reste débiteur d'une somme de … »

On termine la lettre par une formule de politesse très aimable.

EXEMPLES DE LETTRES

Première lettre de rappel

Messieurs,

Sauf erreur ou omission de notre part, la mise à jour de nos comptes fait apparaître un règlement qui n'aurait pas été effectué : facture n° .... du .... d'un montant de .... € dont nous vous joignons la photocopie.

Nous sommes persuadés qu'il s'agit d'un oubli de votre part et que nous ne tarderons pas à enregistrer votre règlement.

Si, entre-temps, le paiement avait été effectué, nous vous demandons de considérer notre démarche comme nulle et non avenue.

Nous vous remercions et vous prions d'agréer, Messieurs, nos salutations distinguées.

Le Chef comptable,

Première lettre de rappel au client habitué à payer avec retard

Messieurs,

Nous vous rappelons que votre compte reste débiteur dans nos livres pour la somme de : .... €. se décomposant comme suit :
Notre facture n° ....
payable par .... au ....

Nous n'avons pas reçu ce règlement et, l'échéance étant dépassée, nous vous demandons, pour la bonne règle de nos écritures, de nous l'adresser par prochain courrier.

Dans le cas où celui-ci nous aurait été adressé entre-temps, nous vous prions de considérer la présente comme nulle.

Veuillez agréer, Messieurs, nos salutations distinguées.

Le Chef comptable,

CONSEILS GÉNÉRAUX

SERVICES COMMERCIAUX

SERVICES FINANCIERS

SERVICES ADMINISTRATIFS

RELATIONS HUMAINES

DIVERS

Deuxième rappel de règlement

Une seule lettre de rappel n'est pas toujours suffisante pour obtenir le règlement de la part du client. Il faut donc prévoir une deuxième lettre plus pressante, qui tient compte de la première.

Objet de la lettre

Lors d'un deuxième rappel de règlement, l'entreprise est encore dans une phase de procédure amiable et le but est d'obtenir une réponse du client. Le fournisseur insiste sur le fait qu'il a déjà envoyé un courrier de rappel (environ 30 jours avant) et exprime sa surprise de ne pas avoir été réglé ainsi que son doute quant à la bonne foi du client. Le montant et l'échéance de la dette sont de nouveau évoqués et le règlement est demandé de façon impérative. La notion de délai de paiement apparaît sans que celui-ci soit réellement déterminé.

Toujours dans le cadre de la procédure amiable, le fournisseur peut proposer un étalement de la créance. La formule de politesse toujours aimable marque cependant une certaine froideur.

Cadre juridique

Cette lettre peut marquer la fin de la procédure amiable et s'accompagner de la menace de confier le dossier au service contentieux.

Plan de la lettre

1. Rappel de la première lettre de relance avec références de la facture impayée par le client
2. Constatation de l'absence de règlement avec une éventuelle proposition de paiement échelonné
3. Demande de règlement au plus tôt avec éventuellement une menace de transmission du dossier au service contentieux

Lexique

Procédure amiable : différentes phases de négociation tentant de concilier les intérêts de chacun.

Procédure judiciaire : faisant suite à la procédure amiable, cette procédure fait intervenir les autorités judiciaires.

Service contentieux : service dans une entreprise qui s'occupe de régler les litiges pouvant survenir avec les clients ou les fournisseurs.

EXEMPLES DE LETTRES

Messieurs,

Par notre lettre du ...., nous vous rappelions notre facture citée en objet, d'un montant de ...., restée impayée.

Nous sommes surpris de n'avoir toujours pas enregistré votre règlement et vous invitons à régulariser votre situation dans les meilleurs délais, par tout moyen à votre convenance.

Veuillez agréer, Messieurs, nos salutations distinguées.

Le Chef comptable,

Messieurs,

Nous constatons avec regret que notre relance du .... relative au non-paiement de la facture citée en objet est restée sans effet.

Si votre situation actuelle ne vous permet pas de faire face à la totalité de votre créance, nous pourrions convenir d'un versement mensuel et ponctuel suivant un calendrier que nous établirions ensemble.

Nous tenons à vous signaler que nous ne renouvellerons pas cette proposition d'arrangement amiable. En cas de refus de votre part, nous attendons le règlement de votre créance par retour du courrier, faute de quoi nous serons contraints de transmettre votre dossier à notre service contentieux.

Veuillez agréer, Messieurs, nos salutations distinguées.

Le Chef comptable,

CONSEILS GÉNÉRAUX

SERVICES COMMERCIAUX

SERVICES FINANCIERS

SERVICES ADMINISTRATIFS

RELATIONS HUMAINES

DIVERS

Procédure de mise en demeure

> La « mise en demeure » est l'ultime démarche de la procédure amiable mais également la première étape indispensable de la procédure judiciaire. C'est le « dernier avertissement » du créancier.

▬▬ Objet de la lettre

☐ Cette dernière lettre exige le paiement immédiat, en termes catégoriques, et elle informe le débiteur de l'intention du créancier de recourir aux moyens légaux. C'est une phase indispensable à la mise en place du dossier juridique puisqu'elle fait courir les intérêts moratoires (ou pénalités) et permet de faire la preuve du refus du débiteur.

☐ La mise en demeure est envoyée une quinzaine de jours après la dernière lettre de relance. Le ton est impératif car il s'agit là d'un ultimatum, mais on ne doit en aucun cas être agressif. Une échéance précise est fixée et la formule de politesse est sèche. La lettre est à rédiger sur papier à en-tête comportant le nom de la société avec l'adresse. Elle doit être recommandée avec accusé de réception et indiquer clairement qu'elle vaut mise en demeure.

▬▬ Cadre juridique

☐ La mise en demeure a des effets juridiques très importants. En effet, si des intérêts conventionnels n'ont pas été prévus dans les conditions générales de vente en cas de retard de paiement, la mise en demeure les rend obligatoires au taux légal. Ils sont dus à partir de la date de cette mise en demeure. D'autre part, si la procédure judiciaire doit continuer, le greffe du tribunal demande qu'un double de la mise en demeure soit joint au dossier.

☐ La mise en demeure prend la forme d'une lettre recommandée avec accusé de réception et doit être suffisamment claire pour que le débiteur sache qu'il s'agit bien d'une mise en demeure. Afin d'éviter toute équivoque, il est conseillé d'écrire sur la lettre les mots « mise en demeure ». Elle doit être chiffrée, c'est-à-dire indiquer précisément les sommes qui sont réclamées.

▬▬ Plan de la lettre

1. Rappeler l'objet de la mise en demeure (bien préciser le montant exact de la somme due)
2. Annoncer la mise en demeure de payer en précisant les délais impératifs de paiement
3. Informer qu'à défaut de paiement dans les délais, une procédure judiciaire sera engagée

---

Lexique

Mise en recouvrement : récupération d'une somme dont le règlement était en instance.

Mise en demeure : sommation, ordre impératif, dernière étape de la procédure amiable.

EXEMPLES DE LETTRES

Lettre recommandée avec A.R.

Monsieur,

Nous vous rappelons que vous restez nous devoir la somme de .... représentée par les factures n° .... des ....

Nous constatons que nos rappels des .... et .... n'ont pas eu d'effet.

En conséquence, nous nous voyons dans l'obligation par la présente lettre recommandée avec accusé de réception de vous METTRE EN DEMEURE d'avoir à nous régler la somme susvisée, les intérêts moratoires et la clause pénale, soit au total la somme de .... €, dans un délai de 8 jours à compter de ce jour.

À défaut, nous agirons par la voie judiciaire.

Veuillez agréer, Monsieur, nos salutations distinguées.

Le Chef du Service contentieux

Lettre recommandée avec A.R.

Messieurs,

Par nos lettres du .... et du ...., nous vous demandions le règlement de notre facture n° .... du ...., d'un montant de .... €.

Votre situation comptable n'ayant pas évolué à ce jour, nous vous METTONS EN DEMEURE de nous régler cette somme sous 48 heures.

Nous vous informons que, à défaut de régularisation immédiate, nous engagerons à votre encontre la procédure judiciaire correspondante.

Veuillez agréer, Messieurs, nos salutations.

Le Chef du Service contentieux

CONSEILS GÉNÉRAUX

SERVICES COMMERCIAUX

SERVICES FINANCIERS

SERVICES ADMINISTRATIFS

RELATIONS HUMAINES

DIVERS

Requête en injonction de payer

En cas de non-réponse à la mise en demeure, on peut mettre en place une procédure simple et peu onéreuse : l'injonction de payer.

Objet de la lettre

☐ L'injonction de payer est un ordre donné par le tribunal au débiteur de régler les sommes qu'il doit à son créancier. Cette procédure peut être utilisée pour recouvrer quel qu'en soit le montant toute créance trouvant son origine dans un contrat, toute créance résultant d'une obligation statutaire (par exemple les cotisations dues à une caisse de retraite).

☐ La demande doit être faite sur papier libre, c'est-à-dire non timbrée, appelée requête. Celle-ci doit être adressée au greffe du tribunal de commerce du domicile du débiteur (ou de son siège social) et n'est acceptée que si auparavant le créancier a bien envoyé une mise en demeure à son débiteur. En cas d'absence de tribunal de commerce, il faut s'adresser au tribunal de grande instance qui en fait fonction.

☐ La requête doit obligatoirement comporter la dénomination, la forme et l'adresse de la société créancière, ainsi que le nom de son représentant légal. Les mêmes renseignements doivent être donnés sur le débiteur. La demande doit comporter l'indication précise de la somme réclamée avec le décompte des différents éléments de la créance : montant de la facture impayée par exemple. Il est indispensable d'y joindre des pièces justificatives : la ou les factures certifiée(s) sincère(s) et conformes(s) aux écritures comptables, datée(s) et signée(s) par le créancier accompagnée(s) si possible du bon de commande correspondant et du bon de livraison ; un relevé détaillé, certifié sincère et conforme aux écritures comptables, daté et signé par le créancier ; la lettre de mise en demeure adressée au débiteur.

Ces pièces peuvent être des photocopies, mais elles doivent à ce moment là être revêtues de la formule « certifié(e) conforme à l'original » et porter le cachet de l'entreprise et la signature du créancier.

Cadre juridique

☐ L'article 1244 du Code civil permet à tout juge d'accorder des délais de paiement au débiteur si sa situation économique le justifie. Mais ces délais ne peuvent excéder deux ans. Cependant, en matière d'effet de commerce (lettre de change, billet à ordre), le juge ne peut pas accorder de délai de paiement.

☐ L'injonction de payer constitue un titre exécutoire et a la même valeur qu'un jugement définitif. Le créancier qui a obtenu une ordonnance d'injonction de payer contre son débiteur peut utiliser tous les moyens légaux pour se faire payer si le débiteur n'obéit pas spontanément à l'injonction de payer.

EXEMPLE DE LETTRE

Lettre d'envoi de requête en injonction de payer au tribunal

                                    Monsieur le Greffier en chef
                                    Tribunal de commerce
                                    Palais de justice

Lettre recommandée

    Réf. : Nom du créancier/
           Nom du débiteur

    Objet : Requête d'Injonction de payer

                                        Date du jour

Maître,

Nous vous adressons ci-joint une requête en injonction
de payer, nos pièces justificatives et un chèque de
.... € à votre ordre à titre de provision sur frais.

Nous vous serions très obligés de présenter votre
requête à Monsieur le Président du Tribunal.

Veuillez agréer, Maître, nos salutations distinguées.

                                    Signature du créancier

    P.J. : lettre de mise en demeure
           photocopie de la (ou des) facture(s)
           photocopie du bon de commande (si possible)
           1 chèque de provision sur frais

CONSEILS GÉNÉRAUX
SERVICES COMMERCIAUX
SERVICES FINANCIERS
SERVICES ADMINISTRATIFS
RELATIONS HUMAINES
DIVERS

Injonction de payer

Lorsque le créancier adresse une requête d'injonction de payer au tribunal de commerce, il doit attendre la décision qui va être prise par des juges et rendue au nom du président sous forme d'une ordonnance. Suivant la décision de la justice, il devra poursuivre la procédure.

Cadre juridique

La requête peut être rejetée purement et simplement, ajournée ou acceptée.

□ Si la requête est rejetée, le greffier du tribunal de commerce envoie une lettre au créancier, notifiant le rejet du juge et demande une enveloppe timbrée pour retournée les pièces produites lors de la requête. Il reste alors la possibilité d'assigner le débiteur en paiement suivant une procédure normale par assignation devant le tribunal compétent. Si la requête en injonction de payer est à nouveau rejetée, il n'y a plus aucun recours.

□ Si la requête est ajournée en raison d'une petite irrégularité de forme : pièces incomplètes par exemple, le greffier demande alors au créancier de compléter son dossier dans le délai qui lui est imparti.

□ Si la requête est acceptée, le juge rend une ordonnance portant injonction de payer la somme qu'il a retenue et adresse copie de cette ordonnance certifiée conforme par le greffier au créancier.

Objet de la lettre

□ Le créancier a six mois pour faire signifier l'ordonnance d'injonction de payer au débiteur. La signification doit être faite par un acte d'huissier de justice.

□ Pour cela, il faut s'adresser à un huissier ayant son étude à proximité du domicile du débiteur. Il faut lui envoyer une lettre avec une copie certifiée conforme à l'ordonnance d'injonction de payer, ainsi qu'un chèque pour ses frais en lui demandant d'appliquer l'ordonnance du tribunal.

□ Après s'être présenté chez le débiteur, l'huissier retourne l'ordonnance d'injonction de payer au débiteur, accompagnée de son acte de signification qu'il faut évidemment conserver soigneusement. Il faut insister auprès de l'huissier pour qu'il fasse une signification à personne.

Lexique

Assignation : terme juridique qui signifie « convocation ». Cet acte est destiné à informer une personne qu'un procès est engagé contre elle devant un tribunal.

Assignation à personne : cette assignation est remise en mains propres par un huissier de justice à la personne concernée.

Ressort : étendue de la compétence d'un tribunal.

Saisie : mode d'exécution forcée par lequel le créancier fait mettre sous la main de la justice les biens de son débiteur.

Voies d'exécution : procédures permettant l'exécution forcée sur les biens du débiteur (exemple : la saisie).

Signification : notification faite par un huissier de justice.

DEMANDE D'INTERVENTION D'UN HUISSIER

                                        Maître Y
                                        Huissier de Justice

Lettre recommandée

Réf. : nom du créancier/
        nom du débiteur

Objet : Demande de signification
         d'ordonnance

                                    Date du jour

   Maître,

   Nous vous adressons une copie conforme d'une
ordonnance d'injonction de payer que nous vous serions
obligés de signifier à Monsieur X, demeurant ......

   Afin d'accélérer la procédure nous vous demandons de
bien vouloir appliquer une assignation à personne.

   Veuillez nous faire parvenir avec votre acte de
signification votre note de frais.

   Veuillez agréer, Maître, nos salutations distinguées.

   P.J. : copie conforme d'une ordonnance
           d'injonction de payer

CONSEILS GÉNÉRAUX
SERVICES COMMERCIAUX
SERVICES FINANCIERS
SERVICES ADMINISTRATIFS
RELATIONS HUMAINES
DIVERS

Réclamation pour erreur de facturation

Lors de la réception d'une facture, celle-ci doit toujours être attentivement contrôlée. Lorsque le client constate une anomalie, il est amené à faire une réclamation auprès du fournisseur.

■■■■■ Objet de la lettre

☐ Toute facture reçue doit être vérifiée. Il faut d'abord s'assurer :
– que les marchandises facturées correspondent aux marchandises commandées et reçues ; que les prix unitaires sont exacts ; que le taux de TVA convient ; que les conditions de vente sont les conditions habituelles ou convenues.
Il faut ensuite procéder à la vérification des calculs.
Ces vérifications s'opèrent à partir des documents qui sont en possession du client : double du bon de commande, bon de livraison, fiche du fournisseur et tarif.
☐ Lorsqu'une erreur est détectée, une réclamation doit être adressée au fournisseur, en retournant la facture erronée et en demandant l'établissement d'une nouvelle facture. Cependant, la demande varie suivant l'erreur détectée à la vérification. Si les éléments du calcul (prix/quantité) sont erronés ou s'il y a une erreur de calcul, le client demande l'annulation de la facture erronée (le client renvoie la facture) et l'envoi d'une nouvelle facture. Si le fournisseur a omis une réduction promise, le client demande l'envoi d'une facture d'avoir.

■■■■■ Plan

1. Accuser réception de la facture en précisant la date et le numéro
2. Énoncer l'erreur constatée
3. Annoncer le retour de la facture et demander l'établissement d'une nouvelle facture ou d'une facture d'avoir

■■■■■ Conseils de rédaction

☐ Dans la première lettre de réclamation, le ton est aimable. Par contre, si le fournisseur ne réagit pas à cette première lettre, le ton d'une deuxième lettre de réclamation sera plus sec, tout en restant calme et poli.
☐ Expressions à utiliser : Dans une lettre de réclamation, les expressions fermes et affirmatives, telles que « Nous constatons une erreur de facturation » sont préférables aux formules hésitantes telles que : « Il semble qu'il y ait un problème » ou aux formules agressives comme « Nous sommes très mécontents », « Vous vous êtes trompé » qui interdisent le dialogue et la résolution du problème.

Lexique

Facture de doit : document qui représente la dette d'un client envers le fournisseur

Facture d'avoir : document comptable établi par le fournisseur en cas d'erreur dans la facture de doit et qui représente la dette du fournisseur envers le client

Relevé de facture : document qui récapitule l'ensemble des factures de doit et d'avoir envoyées au client pendant une période donnée (en général un mois).

EXEMPLES DE LETTRES

Messieurs,

Nous accusons réception de votre facture n° .... du ....

Lors de sa vérification, nous avons décelé les erreurs suivantes :
— les quantités facturées ne sont pas celles qui ont été livrées, à savoir :
....
....

— les prix unitaires ne sont pas ceux qui ont été convenus lors de la commande, à savoir :
....
....

En conséquence, vous trouverez ci-joint le document et nous vous demandons d'établir une nouvelle facture.

Veuillez agréer, Messieurs, nos salutations distinguées.

Monsieur,

Votre facture n° .... du .... nous est bien parvenue.

Après vérification, nous constatons que celle-ci a été établie d'après les conditions générales de vente alors que des conditions spéciales nous avaient été accordées, pour cette affaire, par votre représentant Monsieur Lambert.

Nous vous demandons donc de bien vouloir nous adresser une facture d'avoir tenant compte de la remise de 10 % prévue à la commande.

Nous vous en remercions et vous prions d'agréer, Monsieur, nos salutations distinguées.

CONSEILS GÉNÉRAUX
SERVICES COMMERCIAUX
SERVICES FINANCIERS
SERVICES ADMINISTRATIFS
RELATIONS HUMAINES
DIVERS

Réponse à la réclamation pour erreur de facturation

Que la réclamation du client soit justifiée ou non, il faut toujours répondre à ce type de courrier. Afin de maintenir de bonnes relations et préserver la bonne image de marque de l'entreprise.

Réclamation justifiée

☐ Objet de la lettre
Comme toute réponse à une lettre de réclamation justifiée, le but est de présenter des excuses au client et d'essayer de réparer son erreur.
☐ Toute réclamation doit recevoir une réponse immédiate.
Le fournisseur doit reconnaître son erreur, s'excuser, mais sans insister.

Plan de la réponse à une réclamation justifiée

1. Accuser réception de la lettre du … relative à la facture n° … du …
2. Reconnaître l'erreur
3. Présenter des excuses et annoncer l'envoi d'une facture rectificative annulant et remplaçant la précédente ou d'une facture d'avoir

Réclamation injustifiée

☐ Objet de la lettre
Si après contrôle des faits exposés par le client, il s'avère que l'entreprise n'a pas commis d'erreur, le courrier est l'occasion de repréciser avec clarté le contenu des conditions de vente mal interprété par le correspondant. Il faut user de diplomatie pour faire comprendre au correspondant que sa réclamation n'est pas justifiée.
☐ L'argumentation doit être claire et logique et s'appuyer si possible sur des écrits établis antérieurement.

Plan de la réponse à une réclamation injustifiée

1. Accuser réception de la lettre de réclamation
2. Rappeler les accords passés et confirmer leur application
3. Demander le règlement de la facture
4. Se mettre à la disposition du client et souhaiter continuer de bonnes relations commerciales.

Conseils de rédaction

Dans les deux cas, le vocabulaire doit être simple et sans aucune marque d'agressivité.

EXEMPLES DE LETTRES

Réponse à une réclamation justifiée

Monsieur,

À l'issue de votre courrier du .... et après vérification, il ressort que nous vous avons malencontreusement imputé une tarification erronée.

Nous vous transmettons ci-joint une facture d'avoir et vous remercions par avance de ne pas nous tenir rigueur de cette erreur.

Nous restons à votre disposition et vous prions d'agréer, Monsieur, nos salutations distinguées.

Réponse à une réclamation non justifiée

Monsieur,

Nous avons pris connaissance de votre courrier du .... faisant référence à un accord intervenu entre vous-même et M. ...... le ...., accord sur la remise applicable aux articles commandés le ....

Vous contestez aujourd'hui le bien fondé de notre facturation. Aussi, et afin d'éviter tout malentendu, nous vous rappelons que nous vous avons confirmé par écrit en date du .... la remise qui vous a été octroyée par nos services commerciaux.

Cette remise a bien été appliquée sur le montant de votre dernière facture, aussi nous vous saurions gré de bien vouloir honorer le montant de cette dernière dont nous vous joignons ici un nouvel exemplaire.

Nous restons à votre disposition pour tout renseignement utile et souhaitons poursuivre nos relations commerciales dans de bonnes conditions.

Nous vous prions de croire, Monsieur, en nos salutations distinguées.

CONSEILS GÉNÉRAUX
SERVICES COMMERCIAUX
SERVICES FINANCIERS
SERVICES ADMINISTRATIFS
RELATIONS HUMAINES
DIVERS

Relations avec l'expert-comptable

La plupart des petites sociétés travaillent avec un expert-comptable. Ce dernier peut tenir la comptabilité dans sa totalité ou ne faire que des travaux plus sophistiqués. Il peut également tenir un rôle de conseiller.

▬▬▬ Objet des lettres

☐ Lorsque l'entreprise a choisi son expert-comptable, elle a tout intérêt à se mettre d'accord au préalable avec lui sur le contenu de sa mission et sur le montant de sa rémunération et à le concrétiser par la signature d'une lettre de mission qui en spécifie toutes les caractéristiques.

☐ L'entreprise sera parfois amenée à faire jouer à l'expert-comptable le rôle de conseiller soit pour lui demander son avis sur un imprimé fiscal à compléter, soit au niveau d'une demande d'assistance lors d'un contrôle fiscal.

☐ Si l'entreprise est amenée à se séparer de son expert-comptable, elle devra lui adresser un courrier dénonçant sa mission.

L'échange de lettres doit être courtois et, en cas de litige persistant, le Conseil régional de l'ordre des experts-comptables est compétent pour régler le différend.

▬▬▬ Cadre juridique

Des conditions générales d'exécution des missions, d'établissement des comptes annuels existent.

☐ Le client s'interdit tout acte pouvant porter atteinte à l'indépendance des membres de l'Ordre ou de leurs collaborateurs.

☐ Le client s'engage à mettre à la disposition du membre de l'Ordre, dans les délais convenus, l'ensemble des documents et informations nécessaires à l'exécution de la mission et notamment le relevé établi à l'issue de l'inventaire physique annuel valorisé des stocks et travaux en cours, et à porter à sa connaissance les faits importants ou exceptionnels. Il signale également au membre de l'Ordre les engagements susceptibles d'effectuer les résultats ou la situation patrimoniale de l'entreprise ; il justifie notamment les décisions prises en matière d'amortissement et de provisions.

☐ Dans le cas de traitement informatique de la comptabilité hors de l'entreprise, le choix d'un centre de traitement par le client doit être effectué en accord avec le membre de l'Ordre.

☐ Conformément à la législation en vigueur, le client doit prendre les mesures nécessaires pour conserver les pièces justificatives et, d'une façon générale, l'ensemble de la comptabilité pendant un délai minimal de dix ans.

☐ Responsabilité : le membre de l'Ordre ne peut être tenu pour responsable ni des conséquences dommageables de fautes commises par des tiers intervenant chez le client, ni des retards d'exécution lorsque ceux-ci résultent d'une communication tardive des documents par le client.

EXEMPLES DE LETTRES

Envoi pour avis d'un imprimé fiscal

Nous vous demandons de bien vouloir trouver ci-joint photocopie de l'avis d'imposition, dûment rempli, concernant l'impôt sur les sociétés.

Nous vous remercions par avance des remarques que vous voudrez bien nous faire à son sujet, avant que nous ne le retournions aux impôts.

Dans l'attente de votre réponse, nous vous prions de croire, Monsieur, à l'assurance de nos salutations les meilleures.

Demande d'assistance lors d'un contrôle fiscal

Nous recevons ce jour une notification du fisc, nous faisant savoir qu'il effectuera un contrôle fiscal dans notre société à compter du .... prochain.

Nous vous serions reconnaissants de bien vouloir nous assister lors de ce contrôle.

Dans l'espoir d'une réponse affirmative de votre part, nous vous prions de croire, Monsieur, à l'assurance de nos salutations les meilleures.

Lettre de dénonciation de mission

Lettre recommandée avec A.R.

Depuis quelque temps, nous avons constaté que le travail fourni par votre cabinet ne correspond plus à nos besoins.

En conséquence, après avoir terminé les déclarations fiscales du mois de ...., vous voudrez bien considérer votre mission comme terminée.

Nous vous remercions de nous faire parvenir votre dernière note d'honoraires, après paiement de laquelle, votre confrère, conformément aux règles déontologiques, prendra l'attache de votre cabinet pour reprendre l'ensemble des documents et déclarations nous appartenant.

Avec nos regrets, recevez, Monsieur, nos salutations distinguées.

CONSEILS GÉNÉRAUX

SERVICES COMMERCIAUX

SERVICES FINANCIERS

SERVICES ADMINISTRATIFS

RELATIONS HUMAINES

DIVERS

Relations avec les banques

L'entrepreneur entretient avec son banquier des relations cordiales et sincères par des entretiens téléphoniques réguliers. Mais parfois, certaines opérations exigent des demandes écrites.

▬▬ Objet de la lettre

☐ Les relations écrites avec les banques comprennent principalement les lettres de demande d'information (conditions d'un service) et de demande d'exécution d'une opération (exécution d'un ordre de virement, achat ou vente de valeurs mobilières…). Ces deux types de lettres sont simples : les écrire consiste essentiellement à préciser avec soin l'objet de la demande et à en définir les limites. Cette rédaction est souvent simplifiée par l'utilisation d'imprimés spéciaux que les banques tiennent à la disposition de leur clientèle.

☐ Lorsqu'il s'agit d'opérations plus complexes, des contrats types facilitent l'établissement de l'accord.

☐ La rédaction devient plus délicate lorsqu'il s'agit d'une demande de crédit, en particulier une demande de découvert. En effet il s'agit ici d'une tolérance de la part du banquier de laisser le compte de l'entreprise être débiteur dans certaines limites et pour un certain temps. Avant tout courrier, il est indispensable de solliciter un entretien par téléphone avec la personne qui suit habituellement le dossier de l'entreprise. Au cours de cet entretien, il faut exposer les raisons précises du besoin de découvert et proposer d'apporter toute justification dans les plus brefs délais. À la suite de l'entretien et pour éviter tout malentendu, il faut confirmer cette demande par écrit. Les banquiers n'aimant pas particulièrement les écrits dans ce domaine, il ne faut surtout pas envoyer ce courrier en recommandé avec accusé de réception mais utiliser une lettre simple.

☐ Chaque fois que vous avez une demande à adresser à votre banquier, communiquez lui tous les documents comptables susceptibles de le mettre en confiance (bilan, dernière situation comptable…).

▬▬ Cadre juridique

Le banquier peut à tout moment suspendre son concours en matière de découvert car celui-ci n'est pas lié par un écrit. En cas de contestation, le juge devra rechercher si l'on est en présence d'un découvert ou d'une véritable ouverture de crédit résultant d'un engagement formel de la banque.

▬▬ Plan de la lettre

1. Rappeler la conversation téléphonique et confirmer la demande d'autorisation de découvert
2. Exposer les raisons de la demande
3. Remercier par avance de l'intérêt porté à la demande

EXEMPLES DE LETTRES

Demande de virement automatique

```
Madame – Monsieur – Société.......
Adresse : ......................
Domiciliation bancaire : ........
– adresse de l'Agence : .........
– n° de compte : ...............


    Veuillez débiter notre compte mensuellement/trimestriel-
    lement de la somme de .... € ;

    Par versement à chacune des échéances suivantes :
    –
    –

    Au crédit du compte de M. ...... ou de la
    Société.......
    – Adresse : ......................
    – Domiciliation bancaire : .........
          – adresse de l'Agence : ......
          – n° de compte : ............


                            Fait à ....
                            Le ....


                            Signature du donneur d'ordre
```

Demande d'autorisation de découvert

```
    Monsieur le Directeur,


    À la suite de la conversation téléphonique que nous avons
    eue le ...., nous vous confirmons que notre entreprise
    sollicite le concours de votre établissement sous forme
    d'une autorisation de découvert pour un montant de .... €.

    En effet, (raisons de la demande). Nous nous tenons à
    votre entière disposition pour vous apporter toute
    justification qui vous semblerait nécessaire.

    Nous vous remercions de l'intérêt que vous voudrez bien
    porter à notre demande et vous prions d'agréer,
    Monsieur le Directeur, nos salutations distinguées.
```

CONSEILS GÉNÉRAUX

SERVICES COMMERCIAUX

SERVICES FINANCIERS

SERVICES ADMINISTRATIFS

RELATIONS HUMAINES

DIVERS

Lettre relative au crédit documentaire

Le crédit documentaire est utilisé lors de transactions commerciales internationales entre un importateur et un exportateur et fait l'objet de courrier entre l'entreprise et sa banque.

▬▬ Objet de la lettre

L'entreprise importatrice demande à sa banque l'ouverture d'un crédit en faveur de son fournisseur étranger. En effet, le crédit documentaire constitue une garantie de paiement à l'exportateur (ou fournisseur) avant expédition de marchandises.

▬▬ Cadre juridique

☐ L'opération de crédit documentaire consiste en un engagement écrit pris par une banque d'effectuer un paiement jusqu'à concurrence d'un montant précisé et dans un délai fixé par l'acheteur. La banque exige également certains documents justificatifs, tels que : description des marchandises, prix, conditions de vente, etc. La banque émet ce crédit en faveur du vendeur (le bénéficiaire du crédit), à la demande de l'acheteur.

☐ Les différentes étapes de cette opération sont au nombre de sept.

1. L'importateur demande à son banquier d'ouvrir un crédit documentaire en faveur du vendeur (l'exportateur). Il donne toutes précisions quant aux particularités du crédit qu'il veut accorder à son fournisseur étranger.

2. La banque de l'acheteur (ou importateur) ouvre ce crédit et en signale l'ouverture à une autre banque (la banque notificatrice) située dans le pays du vendeur.

3. La banque du vendeur informe ce dernier de l'ouverture du crédit.

4. L'exportateur exécute la commande et procède à l'expédition des marchandises. Il remet à la banque qui l'a informé de l'ouverture de son crédit (banque notificatrice) tous les documents dont la liste a été fixée dans les clauses du crédit (factures, certificats, police d'assurance, etc.).

5. La banque notificatrice le paie tout de suite ou à une date pré déterminée, après vérification des documents que lui a remis l'exportateur.

6. La banque notificatrice envoie à la banque de l'acheteur les documents qui lui ont été remis par l'exportateur.

7. L'importateur reçoit les documents et prend livraison des marchandises.

▬▬ Plan de la lettre

1. Situer le problème : conclusion d'un marché avec une entreprise étrangère

2. Formuler une demande de crédit documentaire en indiquant le nom du bénéficiaire du crédit, son montant et le délai

3. Indiquer les documents joints à cette demande

DEMANDE DE CRÉDIT DOCUMENTAIRE

BANQUE X......
Adresse

Objet :
Demande de crédit documentaire
P.J. :

Lieu,
le ....

Messieurs,

Notre société vient de conclure un marché très important avec la société X....... Cette société est située à ...... (Pays étranger)

Nous vous demandons de bien vouloir nous accorder l'ouverture d'un crédit documentaire au bénéfice de la société exportatrice (*raison sociale, siège social, domiciliation bancaire, n° de compte*).

Ce crédit documentaire serait d'un montant de .... euros correspondant au règlement de la marchandise qui nous sera acheminée par (*modalités de transport*) en date du (*date de livraison*).

Vous trouverez ci-joint tous les documents justificatifs nécessaires à l'établissement de ce crédit.

Dans l'attente d'une réponse favorable, nous vous prions d'accepter, Messieurs, l'assurance de nos salutations distinguées.

Le Directeur,

CONSEILS GÉNÉRAUX
SERVICES COMMERCIAUX
SERVICES FINANCIERS
SERVICES ADMINISTRATIFS
RELATIONS HUMAINES
DIVERS

Relations avec les administrations

Le règlement de certains problèmes peut amener l'entreprise à rédiger des courriers qui seront plus adaptés que les imprimés au traitement de ces cas particuliers.

▬▬▬ Objet de la lettre

Les principales raisons pour lesquelles une entreprise peut être amenée à écrire une lettre à une administration sont les suivantes : demandes d'information sur un point de la réglementation relative aux obligations de l'entreprise, demandes d'exécution d'une prestation, réponses à des demandes de justification, mais aussi réclamations et requêtes diverses telles que les demandes de dérogation. Pour cela, l'entreprise va devoir s'adresser soit aux services centraux de l'Administration concernée ou plus généralement aux services régionaux ou locaux.

Si l'on veut que la demande soit traitée avec un maximum d'efficacité, on se limitera à un seul sujet par lettre. On s'efforcera de traiter le sujet avec beaucoup de précision et de clarté sans omettre de préciser l'identification de l'expéditeur. Dans le cas d'une réponse à une administration, on doit rappeler les références figurant sur les lettres auxquelles on répond.

▬▬▬ Plan de la lettre

1. Exposer les faits
2. Développer une argumentation en insistant sur l'origine des faits et les conséquences qu'ils entraînent
3. Faire part de la décision attendue et présenter des remerciements anticipés

▬▬▬ Conseils de rédaction

L'argumentation doit être objective et se référer aux textes de lois en rapport avec son objet. Il est indispensable qu'elle use du vocabulaire approprié afin d'éviter tout malentendu. Le ton est objectif, neutre, le but de la lettre étant le plus souvent de demander l'application d'un règlement, l'explication d'une loi, d'une mesure réglementaire.

▬▬▬ Expressions à employer

☐ Donner toujours son titre à une personnalité ; le titre, précédé de « Monsieur » ou de « Madame », doit toujours avoir une majuscule. Exemple : Monsieur le Maire, Monsieur le Directeur Général, Madame la Conseillère municipale…

☐ Exemples d'introduction : « Nous nous permettons d'attirer votre attention sur le problème suivant … » ; « J'ai l'honneur de solliciter de votre bienveillance … ».

☐ Les formules de politesse doivent traduire la relation de respect, de déférence à l'égard d'une personnalité. Exemple : « Nous vous prions d'agréer, Monsieur le Receveur, l'expression de nos respectueuses salutations. »

DEMANDE DE DÉLAIS DE PAIEMENT

SOCIÉTÉ Y......
15 avenue Parmentier
75011 PARIS

Monsieur le Percepteur
de la Recette Principale du 11ᵉ
10 avenue de la République
75010 PARIS

Objet :
Demande de délai de paiement

P. J. :
Un chèque de .... €

Monsieur le Percepteur,

Je tiens à vous informer que des difficultés momentanées de trésorerie m'empêchent de régler la totalité de l'impôt sur les Sociétés exigible à la date du .... et s'élevant à ....

En conséquence, j'ai l'honneur de vous soumettre le plan de règlement suivant :
— 1ᵉʳ versement de .... € joint à ma lettre (Chèque BNP) ;
— trois versements de .... par mois le .... (*date*) de chaque mois jusqu'à apurement de ma dette.

Je m'engage à respecter ce plan de règlement et vous remercie par avance de bien vouloir examiner ma demande avec bienveillance.

Dans l'espoir d'une réponse favorable, recevez, Monsieur le Percepteur, l'assurance de mes respectueuses salutations.

Monsieur le Receveur Principal,

Nous devons porter à votre connaissance qu'il ne nous est pas possible de régler immédiatement le montant de la TVA exigible à la date du ....

En effet, nos stocks de produits ont été en grande partie détruits lors d'un incendie ainsi que deux de nos ateliers. Le montant des dégâts est considérable et sera bien entendu pris en charge par notre compagnie d'assurance. Il faut cependant compter deux mois avant que n'intervienne le règlement du sinistre, ce qui entraîne quelques problèmes de trésorerie pour notre entreprise.

Vous nous obligeriez en acceptant de nous accorder des délais de paiement et vous trouverez ci-joint le plan de règlement que nous nous engageons à respecter.

Nous vous remercions par avance de votre compréhension et espérons que devant le caractère exceptionnel de notre demande, il vous sera possible de nous donner votre accord.

Nous vous prions d'agréer, Monsieur le Receveur Principal, l'expression de notre considération distinguée.

CONSEILS GÉNÉRAUX

SERVICES COMMERCIAUX

SERVICES FINANCIERS

SERVICES ADMINISTRATIFS

RELATIONS HUMAINES

DIVERS

Constitution de société

La constitution d'une société, quelle que soit sa forme, nécessite des démarches matérialisées par différents courriers. C'est le créateur d'entreprise ou bien son conseil (avocat, notaire, etc.) qui doit se charger d'envoyer ces courriers à différents organismes.

▬▬▬ Chronologie des démarches de constitution d'une société (EURL, SARL, SA)

☐ 1. les apports : dans une EURL, une SARL ou une SA, les apports en numéraire sont bloqués sur un compte bancaire au nom de la société à créer : ces apports seront disponibles après l'exécution des formalités et de l'immatriculation auprès du Registre du Commerce et des Sociétés ; les apports en nature doivent faire l'objet d'une évaluation par un commissaire aux apports, désigné par le Tribunal de Commerce ;

☐ 2. la rédaction et la signature des statuts : c'est la formation du contrat de la société ;

☐ 3. l'enregistrement des statuts et le paiement des droits de constitution et d'apport ;

☐ 4. l'insertion d'un avis de constitution dans un journal d'annonces légales ;

☐ 5. le dépôt au centre de formalités des entreprises (CFE) d'un dossier comprenant les pièces suivantes : statuts, acte nommant le ou les dirigeants ; journal d'annonces légales ; déclaration de non-condamnation du ou des dirigeants ; extrait d'acte de naissance du ou des dirigeants ; déclaration de conformité ; titre de jouissance du siège.

▬▬▬ L'immatriculation

Le centre de formalités des entreprises transmet le dossier pour immatriculation aux organismes intéressés, à savoir : le greffe du Tribunal de Commerce, les organismes sociaux, l'INSEE, l'administration fiscale.

Le greffe dispose alors de quinze jours pour immatriculer la société qui se trouve alors constituée.

Lexique

Apport en numéraire : apport d'une somme d'argent versée à la société. Les modalités de versement de ces sommes sont déterminées par les statuts, sauf dans les SA ou les SARL où elles sont soumises à une réglementation.

Apport en nature : apport de tout bien (meuble ou immeuble, corporel ou incorporel), autre qu'une somme d'argent. Ex. : fonds de commerce, brevet d'invention, matériel, etc.

EURL : entreprise unipersonnelle à responsabilité limitée ; créée en 1985, l'EURL est une SARL qui ne comprend qu'un seul associé. Elle répond aux mêmes règles juridiques que la SARL.

SA : société anonyme comportant un minimum de 7 actionnaires, avec un capital minimum de 37 000 €.

SARL : société à responsabilité limitée comprenant entre 2 et 50 associés.

Statuts : document écrit constitutif du contrat de société ou d'association. Les statuts édictent les règles intérieures à la société et doivent comporter obligatoirement certaines indications telles que la forme, l'objet, la dénomination, le siège social, la durée, le capital.

QUELQUES FORMALITÉS

Parmi les démarches à effectuer lors de la constitution d'une société, deux d'entre elles revêtent une certaine importance : l'enregistrement obligatoire (cote et paraphe) de certains registres comptables et des procès-verbaux par le greffe du tribunal de Commerce et, pour les sociétés anonymes, l'établissement de relations avec un commissaire aux comptes.

Modèle de lettre adressée au commissaire aux comptes

AFF. : Nom de la Société

                                    Monsieur le Commissaire aux Comptes

                                    Paris, le .... 200.

Monsieur le Commissaire aux comptes,

Les formalités relatives à la constitution de ....
(*donner la raison sociale de la société*) étant terminées, nous vous prions de bien vouloir trouver ci-joint :

- 1 exemplaire de l'extrait k-bis ;
- 1 copie du P.V. du Conseil ayant désigné le P.D.G. ;
- 1 copie des statuts ;
- 1 copie de la promesse de bail.

Nous vous souhaitons bonne réception de ces documents et vous prions de croire, Monsieur le Commissaire aux comptes, à l'assurance de nos sentiments dévoués.

                                    Signature,

CONSEILS GÉNÉRAUX
SERVICES COMMERCIAUX
SERVICES FINANCIERS
SERVICES ADMINISTRATIFS
RELATIONS HUMAINES
DIVERS

Demandes à l'administration fiscale (1)

Une entreprise peut considérer avoir été surimposée. Elle a alors tout intérêt à prendre contact le plus rapidement possible avec l'inspecteur des impôts responsable de son dossier.

▬▬ Objet de la lettre

Obtenir de l'administration fiscale soit un délai de paiement, soit une remise de pénalités en cas de versement tardif de vos impôts. Cette lettre doit être très prudente. Vous devez y faire preuve de beaucoup de diplomatie : les relations avec l'administration fiscale sont souvent empreintes de suspicion de part et d'autre.

▬▬ Cadre juridique

☐ Une entreprise entretient, comme tout contribuable, des relations régulières avec l'administration fiscale. Lorsqu'elle se trouve en conflit avec celle-ci, elle doit tenter de rechercher une solution avec l'administration. Il est préférable pour elle de ne pas attendre une action en justice sans réagir.

☐ Par exemple, un retard de paiement entraîne pour l'entreprise une majoration de 10 %. L'entreprise peut faire une demande de remise de majoration. Celle-ci est généralement examinée avec bienveillance par l'administration, à partir du moment où l'entreprise a réglé l'impôt principal.

▬▬ Plan de la lettre

1. Rappeler au percepteur que vous avez réglé votre impôt en précisant la somme.
2. Faire une demande de remise de majoration de 10 %.
3. Conclusion et formule de politesse.

▬▬ Conseils de rédaction

Vous devez être capable de manier le vocabulaire technique propre à la matière fiscale afin de prouver à l'inspecteur des impôts responsable de votre dossier, de vos compétences. Avant d'envoyer cette lettre, l'entreprise aura pris contact avec l'inspecteur afin d'établir un plan de règlement.

Lexique

Vérificateur : fonctionnaire de l'Administration fiscale chargé de contrôler les différentes déclarations des contribuables.

Redressement : rectification de l'imposition. Celle-ci peut être dans un sens ou dans l'autre, c'est-à-dire soit une majoration soit un dégrèvement.

Société X......
15 avenue Parmentier
75011 PARIS

Recette des Impôts
du 11e arrondissement

À l'attention de M. ......
Inspecteur Principal

Objet : Demande de remise
de majoration de 10 %

Monsieur le Percepteur,

Nous nous sommes libérés de la somme de ...... au titre de l'impôt sur la TVA (*ou autres impôts inhérents aux sociétés*) à titre principal en application du plan de règlement établi avec vos services le .... (*indiquer la date à laquelle vous avez rencontré l'inspecteur*).

Nous avons l'honneur de solliciter une demande de remise concernant la majoration de 10 %.

Dans l'espoir d'une réponse favorable de votre part, nous vous prions d'agréer, Monsieur le Percepteur, nos salutations respectueuses.

Signature

CONSEILS GÉNÉRAUX

SERVICES COMMERCIAUX

SERVICES FINANCIERS

SERVICES ADMINISTRATIFS

RELATIONS HUMAINES

DIVERS

Demandes à l'administration fiscale (2)

Dans le cadre de son contrôle des différentes déclarations des contribuables, l'administration fiscale peut vous demander des éclaircissements ou des justifications de vos déclarations.

▬▬▬ Objet de la lettre

Demander une « faveur » à l'administration fiscale (par exemple un délai supplémentaire de réponse à des questions de l'administration fiscale) tout en la justifiant. Comme les précédentes, cette lettre doit revêtir un caractère officiel. Vous devez y faire preuve de beaucoup de diplomatie.

▬▬▬ Cadre juridique

☐ L'administration peut vous demander des éclaircissements et/ou des justifications concernant vos différentes déclarations. Vous devez être en mesure d'apporter la preuve de ce que vous avez avancé lors de la rédaction de votre déclaration. Pour ce faire, vous devez conserver tous les documents vous permettant de prouver votre bonne foi. L'administration accorde généralement un délai de deux mois pour réunir les documents dont vous pouvez avoir besoin et pour répondre à sa demande.

☐ Par ailleurs, vous devez apporter des justifications précises pour échapper à la taxation d'office : de simples affirmations de caractère général, imprécises ou invérifiables ne seront pas acceptées. Si le délai de deux mois vous est insuffisant, vous pouvez demander au vérificateur qui vous a été affecté par l'administration un délai supplémentaire.

☐ Une seconde étape est alors possible : si le vérificateur estime votre réponse insuffisante, il doit vous indiquer les points sur lesquels il souhaite des compléments d'informations ou de précisions. Vous disposez alors de 30 jours supplémentaires pour apporter ces éléments.

☐ Lorsque le vérificateur a terminé le contrôle à votre encontre, vous recevez :

– soit un avis d'absence de redressement ;

– soit une notification de redressement.

▬▬▬ Plan de la lettre

☐ 1. Accuser réception de la demande d'éclaircissements ou de justifications

☐ 2. Expliquer pourquoi vous demandez un délai supplémentaire à cette demande de justifications

☐ 3. Énumérer précisément (si possible) les documents déjà en votre possession

☐ 4. Demander l'accord du vérificateur

DEMANDE D'OCTROI DE DÉLAI DE RÉPONSE

Modèle de demande d'octroi d'un délai supplémentaire pour réponse à une demande d'éclaircissements ou de justifications de l'administration fiscale

Société X......
15 avenue Parmentier
75011 PARIS

> Monsieur L'Inspecteur
> de la Recette Principale du 11ᵉ
> 10 avenue de la République
> 75010 PARIS

Objet : Demande de délai   Paris,
supplémentaire/votre demande   le 25 mars 200.
d'éclaircissements

Monsieur l'Inspecteur,

Nous accusons réception de votre demande d'éclaircissements et de justifications concernant la source de nos revenus (*préciser la nature et l'objet de la demande*). Vous nous accordez un délai de deux mois pour y répondre, à compter du ....

Malheureusement, ce délai est insuffisant pour réunir tous les documents nécessaires aux justifications que vous nous demandez (*préciser les raisons pour lesquelles vous avez besoin de délais supplémentaires : par exemple : demande à votre banque*).

En conséquence, nous vous demandons de bien vouloir nous accorder un délai supplémentaire de ..... (*nombre de jours*). Nous tenons à vous joindre dès maintenant les documents suivants :

    — ....

Nous vous serions reconnaissants de nous confirmer au plus tôt votre accord.
Nous vous remercions à l'avance et vous prions d'agréer, Monsieur l'Inspecteur, l'expression de nos considérations respectueuses.

Signature
Le gérant

CONSEILS GÉNÉRAUX

SERVICES COMMERCIAUX

SERVICES FINANCIERS

SERVICES ADMINISTRATIFS

RELATIONS HUMAINES

DIVERS

Lettres à l'URSSAF

L'URSSAF (Union pour le recouvrement de la Sécurité sociale et des Allocations familiales) est l'organisme chargé de recouvrer les cotisations patronales et salariales que doivent verser les entreprises. Une entreprise peut être amenée à écrire à l'URSSAF dont elle dépend pour obtenir des délais ou des remises de paiement.

▬▬▬ Cadre juridique

☐ Tout employeur est affilié à l'URSSAF dont dépend son entreprise. Cette immatriculation doit se faire dans les huit jours qui suivent soit l'ouverture de l'entreprise, soit la première embauche. Un numéro d'identité « SIRET » est attribué à l'entreprise lors de sa création, qui est à utiliser dans le cadre des correspondances avec l'URSSAF.

☐ Le paiement des cotisations est exigible, soit mensuellement (entreprises de plus de neuf salariés), soit trimestriellement (entreprises de moins de neuf salariés). Le règlement des cotisations doit parvenir à l'URSSAF un jour calendaire avant la date d'exigibilité des cotisations (le cachet de la poste faisant foi).

▬▬▬ Les litiges possibles

☐ Les litiges entre l'URSSAF et une entreprise sont souvent dus à des retards de paiement. L'URSSAF applique alors des majorations de retard : le taux de ces majorations est fixé à 10 % des cotisations à la date d'exigibilité, plus 3 % par trimestre après l'expiration d'un délai de trois mois à compter de la même date d'exigibilité.

☐ Les majorations de retard et les pénalités peuvent faire l'objet d'une remise. En cas de bonne foi dûment prouvée, un employeur peut formuler une demande gracieuse de remise des majorations de retard et des pénalités.

La demande de remise doit préciser la période de dette, les raisons du retard. Cette demande doit être signée par le représentant de l'entreprise.

C'est le directeur de l'URSSAF qui apprécie les mesures de tolérance qu'il peut prendre pour ne pas pénaliser les entreprises en cas de circonstances exceptionnelles (grève de La Poste, par exemple).

Attention : pour pouvoir bénéficier de cette remise de majoration de retard et des pénalités, l'employeur doit être à jour de ses cotisations.

L'URSSAF n'est aucunement obligée d'accorder un report de paiement de cotisations demandé par un employeur. L'octroi d'un délai n'est qu'une tolérance.

QUELQUES CORRESPONDANCES URSSAF

Modèle de lettre de demande de remise des majorations de retard

Monsieur le Directeur
de l'URSSAF
de........ (lieu)

Pièce justificative : Photocopie de la lettre de rappel

Monsieur le Directeur,

Nous n'avons pu nous acquitter dans les délais des cotisations dont l'échéance est normalement fixée le.... (date d'échéance).

En conséquence, nous sommes redevables de la majoration de retard dont le montant est précisé sur la lettre de rappel dont vous trouverez ci-joint la photocopie.

En raison de notre situation financière très difficile, nous vous serions reconnaissants de bien vouloir nous accorder la remise totale ou partielle de cette majoration.

En effet, nous sommes .... (exposer les difficultés).
Nous vous remercions de l'attention que vous voudrez bien porter à notre dossier et vous prions d'agréer, Monsieur le Directeur, l'expression de nos salutations distinguées.

Modèle de demande de délai ou de report de cotisations

Monsieur le Directeur
de l'URSSAF
de ....

Lettre recommandée   Paris,
avec accusé de réception   le ....

Monsieur le Directeur,

Je tiens à vous signaler qu'il ne m'est malheureusement pas possible de régler, pour l'instant, le montant de la part patronale des cotisations exigibles à la date du .... (date). Cela compromettrait dangereusement la trésorerie de ma société.

En conséquence, j'ai l'honneur de vous soumettre le plan de règlement échelonné de la façon suivante :

— un premier paiement de .... euros (chèque BNP ci-joint) correspondant aux cotisations salariales précomptées ;

— ....(nombre) versements de .... euros par mois le .... de chaque mois jusqu'à apurement de ma dette.

Je m'engage à respecter ce plan de règlement et vous remercie par avance de votre compréhension.

Dans l'espoir d'une réponse favorable, je vous prie d'agréer, Monsieur le Directeur, l'expression de ma considération distinguée.

Signature
Le gérant

CONSEILS GÉNÉRAUX
SERVICES COMMERCIAUX
SERVICES FINANCIERS
SERVICES ADMINISTRATIFS
RELATIONS HUMAINES
DIVERS

Lettres à la COFACE

Une entreprise qui entretient des relations commerciales avec l'extérieur fait souvent appel à une compagnie d'assurances qui va l'assurer contre les risques éventuels d'une opération commerciale dans un pays lointain régi par d'autres règles juridiques, des devises étrangères...

▬▬▬ Objet de la lettre

Demander à la compagnie d'assurances de l'assurer contre des risques de fluctuation de change ou contre les risques d'octroi de délai de paiement accordé à une entreprise étrangère.

▬▬▬ Cadre juridique

Les entreprises qui ont une envergure internationale assurent de plus en plus souvent les risques encourus du fait de leurs échanges avec des entreprises de pays étrangers, souvent lointains et peu sûrs politiquement et financièrement.

Il est donc important, lors de chaque conclusion de marché, de prendre contact avec une compagnie d'assurances pour savoir ce qu'il est possible de faire.

Le contrat que paie l'entreprise fonctionne de la même façon que n'importe quelle compagnie d'assurances : l'assuré est payé si l'entreprise étrangère avec laquelle il a passé un contrat ne respecte pas ses engagements financiers.

Certains organismes sont spécialisés dans ce domaine, tels que la COFACE (Compagnie française d'assurance pour le Commerce Extérieur).

La COFACE assure l'entreprise contre les risques de fabrication, de crédit, contre les risques politiques ou encore contre les risques de change liés aux opérations d'exportation.

Modèle de demande de renseignements à la COFACE
pour s'assurer contre le risque d'octroi d'un délai de paiement

```
M.......,

     Nous venons de conclure un contrat de maintenance en informa-
tique avec le ministère des Télécommunications de Gambie.
     Le montant de ce contrat s'élève à .... (euros). La livraison
serait payable en trois fois selon les échéances suivantes :
(donner l'échéancier).
     Nous désirerions connaître vos conditions pour garantir les
risques du crédit que nous accordons à notre client.
     Nous vous remercions par avance et vous demandons de bien
vouloir nous répondre rapidement.
     Veuillez agréer, M......., nos saluations distinguées.

                                        Signature
```

QUELQUES EXEMPLES

Modèle de lettre de demande de couverture
de risque de change à la COFACE

```
LE MAÇON MODERNE
24 rue du Bourg Haut
13002 MARSEILLE



                                      COFACE
                                      Adresse
                                      Paris, le ....
Objet : Demande de couverture/
Risque de change



Messieurs,

Nous venons d'obtenir un marché relativement conséquent au Bengladesh.
Ce marché, qui doit s'échelonner sur quatre ans, consiste en la
construction d'un barrage électrique dans le sud du pays.

Le marché a été conclu en dollars. Nous souhaiterions donc être cou-
verts contre le risque de fluctuation de cette monnaie.

Nous vous serions très reconnaissants de bien vouloir nous établir
une police pour la couverture de ce risque sur la base de la valeur
de la livre à la date de la signature du marché, à savoir le ....
(indiquer la date de signature).

Vous trouverez ci-joint une copie du marché qui vous donnera tous
les renseignements nécessaires.

Nous restons à votre disposition pour tout renseignement complémen-
taire.

Nous vous prions d'agréer, Messieurs, nos salutations distinguées.


                                      Signature
```

CONSEILS GÉNÉRAUX
SERVICES COMMERCIAUX
SERVICES FINANCIERS
SERVICES ADMINISTRATIFS
RELATIONS HUMAINES
DIVERS

Conseil d'administration d'une société anonyme

Les sociétés anonymes prévoient deux types de direction : le régime « à directoire » avec « conseil de surveillance » et le régime « conseil d'administration » qui est le plus répandu.

▬▬ Objet de la lettre

Afin de gérer les affaires d'une société, les administrateurs se réunissent en conseil d'administration. Si les statuts le prévoient, la convocation du conseil d'administration peut se faire verbalement, mais dans la plupart des cas elle se fait par lettre, recommandée ou non.

Cette convocation est à adresser à tous ceux qui assistent au conseil : administrateurs, éventuellement commissaire aux comptes, partenaires sociaux.

Cette lettre, bien entendu, est écrite sur papier à en-tête, avec les mentions légales obligatoires (raison sociale, adresse du siège social, n° d'immatriculation au registre du commerce, n° de SIRET et de SIREN).

En cas d'impossibilité de participer à un conseil d'administration, un administrateur peut se faire remplacer par un autre. Dans ce cas il doit signer un pouvoir à cet autre administrateur en lui indiquant ses intentions de vote sur les différents points prévus à l'ordre du jour. En acceptant ce pouvoir, l'administrateur remplaçant s'engage à respecter les instructions qui lui sont données.

▬▬ Cadre juridique

Une société anonyme peut être administrée par un conseil d'administration composé de 3 à 12 membres nommés par l'assemblée générale des actionnaires. Ce conseil est élu pour 6 ans maximum et révocable par l'assemblée générale. Il est chargé d'administrer la société au nom des actionnaires à qui il rend des comptes chaque année.

Le conseil d'administration désigne parmi ses membres un Président Directeur Général et éventuellement un Directeur Général qui assurent la direction générale de la société et la représentent dans ses rapports avec les tiers.

▬▬ Plan de la lettre

1. Inviter l'administrateur au conseil d'administration en indiquant la date, l'heure et le lieu
2. Énumérer les différents points prévus à l'ordre du jour
3. Rappeler la possibilité de se faire remplacer par un autre administrateur
4. Joindre un imprimé type de pouvoir

Lexique

Actions : d'une valeur minimale de 15,24 €, l'action représente une part du capital social de l'entreprise et donne un droit d'associé à celui qui la détient. Ce droit permet de toucher des dividendes sur les bénéfices effectués par la société.

Administrateur : membre du conseil d'administration.

Commissaires aux comptes : spécialistes chargés de vérifier les comptes de la société.

QUELQUES EXEMPLES

Convocation du conseil d'administration

Monsieur (prénom, nom) ....

Vous êtes prié d'assister au prochain conseil d'administration de la société ...., qui aura lieu le ....
(*jour, date*) à .... heures, à .... (*lieu de la réunion,
le plus souvent le siège social*).

Les points suivants sont à l'ordre du jour :
1.
2.
3.

Au cas où il vous serait impossible d'assister à ce
conseil, je vous rappelle qu'il vous est possible de donner un pouvoir spécial à un autre administrateur pour se
prononcer en votre lieu et place sur les différents
points délibérés à l'ordre du jour.

Je vous prie d'agréer, M......., mes salutations...

                              Le président du conseil d'administration

Représentation d'un administrateur par un autre

M.......,

Conformément aux dispositions légales en vigueur, j'ai
l'honneur de vous demander de me représenter à la séance
du conseil d'administration du ....

L'ordre du jour étant le suivant :
1.
2.
3.
—
—
—

Je vous saurais gré de voter « pour » les points ....
et

« contre » les points suivants ....

Je vous en remercie, et vous prie d'agréer...

                              Nom et prénom de l'administrateur

CONSEILS GÉNÉRAUX

SERVICES COMMERCIAUX

SERVICES FINANCIERS

SERVICES ADMINISTRATIFS

RELATIONS HUMAINES

DIVERS

Assemblée générale d'une SARL

Une SARL est gérée par un gérant qui agit au nom de la société. Le gérant doit présenter aux associés chaque année un rapport d'activité de l'entreprise ainsi que les comptes annuels.

▬▬▬▬ Objet de la lettre

Une assemblée générale ordinaire est obligatoire au moins une fois par an. Elle a pour but principal de statuer sur les comptes de la société. Sa compétence porte également sur les conventions passées entre les responsables et la société, la révocation du gérant, l'autorisation donnée au gérant de faire des actes excédant ses pouvoirs, la révocation et la nomination du gérant. Une lettre de convocation à cette assemblée doit être adressée à tous les actionnaires, accompagnée des documents concernant l'exercice écoulé quinze jours au moins avant la date de l'assemblée, de préférence en recommandé avec accusé de réception.

▬▬▬▬ Cadre juridique

En application de l'article 38 du décret du 23 mars 1967, les associés, lors des assemblées générales, ne peuvent valablement se prononcer que sur les questions qui ont été inscrites à l'ordre du jour indiqué dans leur convocation.

Tous les actionnaires doivent assister à l'assemblée annuelle. En cas d'impossibilité, l'associé choisit un mandataire qui accepte de voter dans le sens indiqué par le mandant, signataire du pouvoir. Ce mandataire peut être le conjoint de l'associé ou un autre associé. Tout associé a la faculté de poser par écrit des questions à la gérance qui est tenue d'y répondre au cours de l'assemblée générale (art. 56, al. 3 de la loi du 24 juillet 1966).

```
M. … (nom, prénom)
Adresse …
possédant … parts sociales dans la SARL … demande à la gérance
d'apporter des précisions sur les points suivants … (et, ou)
d'énoncer les raisons de la décision de … au cours de l'assemblée
générale annuelle qui se tiendra le … (jour, heure) au … (lieu)
                                    À … (lieu), le … (date)
                                    Signature
```

▬▬▬▬ Plan de la lettre

1. Inviter à participer à l'assemblée générale ordinaire en précisant la date et l'heure
2. Énumérer les différents points prévus à l'ordre du jour
3. Annoncer l'envoi conjoint des documents utiles à la prise de décision de l'associé
4. Rappeler la possibilité de se faire représenter par un mandataire
5. Rappeler la possibilité de poser des questions écrites au gérant
6. Joindre un imprimé type de pouvoir

QUELQUES EXEMPLES

Lettre de convocation à l'assemblée générale annuelle

Nous avons l'honneur de vous convoquer à l'assemblée générale ordinaire de la Société ...., SARL au capital de .... € qui se tiendra le .... (*jour mois année*) à .... heures.

L'ordre du jour abordera les points suivants :
1 Approbation :
  – du rapport de gestion
  – des comptes annuels
  – de l'inventaire
2. Détermination du dividende
3. Quitus à la gérance
....
Ci-joint, nous vous transmettons :
  – le bilan et le compte de résultat du présent exercice ;
  – le rapport de la gérance sur l'activité de la société et l'exercice écoulé ;
  – le rapport du commissaire aux comptes
L'inventaire est tenu à votre disposition au siège social.
Vous avez la possibilité de vous faire représenter à cette assemblée par un mandataire qui peut être soit un associé, soit votre conjoint, muni d'un pouvoir régulier.
Conformément à l'article 56 de la loi du 24 juillet 1966, il vous est possible de poser par écrit toute question à la gérance, et ce à partir de la présente communication. Il sera répondu à toutes ces questions au cours de l'assemblée.
Veuillez agréer, M......., nos très courtoises salutations.

À ...., le .... (*jour, mois, année*)

Le Gérant, (*signature*)

Pouvoir

Je soussigné : Nom ...., Prénom ...., Adresse ...., associé de la SARL ...., ayant pris connaissance de l'ordre du jour de l'assemblée et des autres documents énumérés à l'article 56 al. 2 de la loi du 24 juillet 1966 qui m'ont été adressés en temps utile,
Constitue pour mandataire sans faculté de substituer
M........ (*nom, prénom, adresse*)
ou à défaut :
M........ (*nom, prénom, adresse*)
pour me représenter à l'assemblée générale ordinaire annuelle, convoquée le .... 20.. à ....
En conséquence, assister à l'assemblée, signer les feuilles de présence et toutes autres pièces, prendre part à toutes les délibérations, émettre tous votes et, généralement, faire le nécessaire.
Le présent pouvoir conservera tous ses effets pour toutes les assemblées successivement à l'effet de délibérer sur le même ordre du jour, en cas de remise à date ultérieure pour raison de quorum non atteint ou toutes autres causes.

Fait à ...., le .... 20..

Bon pour pouvoir (*Signature de l'associé*)

CONSEILS GÉNÉRAUX

SERVICES COMMERCIAUX

SERVICES FINANCIERS

SERVICES ADMINISTRATIFS

RELATIONS HUMAINES

DIVERS

La déclaration de sinistre

Toute entreprise subissant un sinistre (dégâts des eaux, incendie, cambriolage, accident) doit avertir son assureur par courrier. Cette lettre doit faire figurer le plus précisément possible les faits et les dommages subis à l'occasion de ce sinistre.

Objet de la lettre

Informer exactement et complètement l'assureur sur tous les points qui peuvent avoir une répercussion sur les garanties offertes par la police d'assurances.

Présentation de la lettre

La lettre est rédigée sur papier libre ou remplie sur l'imprimé donné par la compagnie d'assurances. Il vaut mieux l'envoyer en recommandé avec accusé de réception.

Cadre juridique

☐ Le délai de déclaration d'un sinistre est prévu dans un contrat, à savoir (généralement) :
– 5 jours pour une assurance auto,
– 48 h pour un vol : cette déclaration doit être assortie d'une déclaration de vol auprès des services de police,
– 10 jours pour des catastrophes naturelles.
☐ La non-déclaration d'un sinistre dans les délais impartis peut remettre en cause la recevabilité de votre demande. Votre compagnie d'assurances peut donc refuser de vous rembourser.

Plan de la lettre

1. Indiquer très précisément vos coordonnées exactes
2. Rappeler le numéro de votre police d'assurances ou votre numéro de sociétaire (mutuelle)
3. Préciser les circonstances du sinistre : date, heure, témoins oculaires et causes
4. Demander la visite d'un expert, si besoin est.

Formule type

« Les pluies torrentielles de la nuit du … au … ont provoqué des dégâts importants dans la partie basse de nos bâtiments situés (adresse).
Les dommages globaux relatifs au sinistre s'élèvent à … (facture ci-jointe). L'état de ce bâtiment où se trouve l'accueil de notre société gêne considérablement notre activité. Nous vous demandons de bien vouloir nous envoyer un expert le plus rapidement possible afin de constater les dégâts. »

DÉCLARATION DE SINISTRE

Lettre recommandée avec accusé de réception
En-tête de la société

M.I.I.F.
45 Bd Brune
75014 PARIS

Objet :
Déclaration de sinistre

Saint-Denis,
le 30 mars 200.

Monsieur,

Nous tenons à vous informer qu'un début d'incendie s'est déclaré ce jour dans nos ateliers, situés au ...... (*adresse*).

Ce début d'incendie s'est déclaré vers 14 h 10. Une ouvrière appartenant au service Conditionnement a aperçu de la fumée, s'échappant de caisses d'emballage en carton. Malgré l'aide d'un membre du personnel qui a pu actionner l'extincteur, ils n'ont pu éteindre le feu.

Nous avons donc dû faire appel aux pompiers qui ont réussi à éteindre le feu vers 14 h 50.

Nous ne connaissons pas les causes de l'incendie.

Les dommages subis lors de cet incendie sont de l'ordre de ...... (*donner la somme totale*) et peuvent se décomposer comme suit :
  — .... de marchandises et cartons d'emballages ;
  — .... de dommages relatifs aux parties des bâtiments touchés par cet incendie.

Nous vous serions reconnaissants de bien vouloir faire le nécessaire pour régler ce sinistre le plus rapidement possible. (*Si besoin est, demander la venue d'un expert.*)

Veuillez agréer, Monsieur, nos salutations distinguées.

Signature

CONSEILS GÉNÉRAUX

SERVICES COMMERCIAUX

SERVICES FINANCIERS

SERVICES ADMINISTRATIFS

RELATIONS HUMAINES

DIVERS

Résiliation anticipée du contrat d'assurance

Il est possible, dans des cas précis, de résilier, avant terme, un contrat d'assurance. La lettre de résiliation, envoyée à l'assureur, doit être motivée.

▬▬▬ Objet de la lettre

Avertir votre compagnie d'assurances de votre volonté de mettre fin au contrat qui vous lie à elle. Cette résiliation, avant terme, doit respecter un certain nombre de règles quant au fond et à la forme. La lettre doit être envoyée en recommandé avec accusé de réception.

▬▬▬ Cadre juridique

☐ Un contrat d'assurance est généralement passé pour une durée déterminée (un, cinq ou dix ans). Il y figure une règle de tacite reconduction assortie d'une faculté de résiliation (voir page 96). En dehors de cette possibilité généralement annuelle de résiliation d'un contrat, l'assuré peut, dans des cas bien précis, résilier avant terme sa police d'assurance (ces motifs de résiliation figurent généralement dans le contrat d'assurance), à savoir :

– lorsque l'assuré subit un changement dans sa situation (ex : locaux vendus, changement de raison sociale, de siège…),

– lorsque l'objet assuré est volé ou vendu,

– lorsque l'assureur n'a pas diminué la prime alors qu'il y a eu diminution du risque,

– lorsque la prime d'assurance a été majorée (sauf dans le cas d'un malus dans une assurance automobile).

☐ L'assureur peut, lui aussi, résilier, avant terme, un contrat d'assurance après un sinistre. En contrepartie, l'assuré peut alors résilier tous ses autres contrats passés avec cet assureur. Il peut également résilier un contrat en cas de non-paiement des primes ou en cas d'aggravation des risques. La résiliation du contrat ne peut intervenir que dans les trois mois suivant la date de l'événement. Les délais de préavis sont variables selon les clauses de résiliation. Des justificatifs doivent généralement être fournis à l'assureur. L'assureur doit rembourser à l'assuré la partie de prime correspondant à la période pendant laquelle le risque n'est plus couvert.

▬▬▬ Plan de la lettre

1. Rappeler vos références : N° de police ou N° de sociétaire, type de contrat. Préciser le nom de la personne auprès de qui vous avez souscrit cette police
2. Donner le ou les motifs de la résiliation de votre contrat
3. Préciser la date à laquelle vous désirez mettre un terme à ce contrat
4. Formule de politesse

Société G.M. Décoration
Z. I. Les Islettes
93200 Saint-Denis

M.I.I.F.
45 Bd Brune
75014 PARIS

**Lettre recommandée
avec accusé de réception**

N° de Police : 450210VB
Division : Marcadet-Poissonniers
Assurance : Local

À l'attention de M. X.......

Saint-Denis, le ....

Monsieur,

Nous tenons à vous informer que notre entrepôt, situé 15 rue de Montreuil, assuré contre l'incendie, a été complètement détruit lors d'un incendie survenu dans la nuit du .... au ....

Nos marchandises, qui y étaient entreposées, sont entièrement inutilisables.

Nous n'avons pas l'intention de reconstruire un entrepôt à cette adresse et vous demandons donc de bien vouloir résilier notre contrat d'assurance incendie, à compter du ...

Nous vous prions également de nous restituer la part de la prime qui n'aura pas été utilisée.

Veuillez agréer, Monsieur, nos salutations distinguées.

Signature

CONSEILS GÉNÉRAUX

SERVICES COMMERCIAUX

SERVICES FINANCIERS

SERVICES ADMINISTRATIFS

RELATIONS HUMAINES

DIVERS

Non-renouvellement d'une police d'assurance

Il est possible de résilier une police d'assurance, à son terme, sans motifs précis. L'assuré doit respecter scrupuleusement les formes et délais stipulés dans ce même contrat.

Objet de la lettre

Avertir l'assureur de votre volonté de mettre fin au contrat qui vous lie à la compagnie d'assurance. Cette lettre doit être envoyée en recommandé avec accusé de réception et parvenir à l'assureur au plus tard la veille du jour où débute le préavis.

Cadre juridique

☐ Contrairement à ce qui se passe lors de la résiliation anticipée d'un contrat d'assurance (voir page 94), l'assuré n'est pas obligé de motiver le non-renouvellement de son contrat.

☐ La seule obligation de l'assuré est de respecter les conditions de résiliation de son contrat. Ces conditions prévoient généralement une résiliation annuelle mais dans certains cas, elle peut être triennale ou même quinquennale. L'assuré doit également respecter le délai de préavis indiqué également dans le contrat (entre 1 et 3 mois).

Plan de la lettre

1. Indiquer soigneusement vos références, le numéro de votre police ou de sociétaire
2. Donner les faits qui vous incitent à demander la résiliation de votre contrat d'assurance
3. Avertir de la décision prise en rappelant la date de la prochaine échéance
4. Demander à l'assureur d'accuser réception de votre résiliation
5. Formule de politesse

Formules types

« À la suite du décès de ma sœur, Madame ….., je suis devenue propriétaire de l'entreprise X….. située ….. (*adresse*)

Conformément aux dispositions de la clause ….. figurant dans les conditions générales de mon contrat d'assurance N° ….., je tiens à vous informer que …..

En conséquence, je vous demande de bien vouloir résilier ce contrat et de m'en donner acte. »

Lexique

Police d'assurance = contrat d'assurance.
Résiliation : rupture d'un contrat par la volonté d'une des parties.

Préavis : délai donné, dans un contrat, aux deux parties pour mettre fin au contrat.

MODÈLE DE LETTRE

Établissements X.......
15 rue du Vent
75012 Paris

                                    M.I.I.F.
                                    45 Bd Brune
                                    75014 Paris

                                    Paris, le ....

**Lettre recommandée
avec accusé de réception**

N° de police : 45210012
Assurance/Locaux Industriels

À l'attention de M.......

    Messieurs,

    Nous vous signalons la fermeture de nos locaux indus-triels situés au .... (*adresse*) et la résiliation de notre bail locatif le 31 juillet prochain.

    En conséquence, nous vous demandons de bien vouloir résilier la police d'assurance que nous avions contractée auprès de votre compagnie, à compter du 1er septembre prochain, date de la prochaine échéance.

    Nous vous serions reconnaissants de nous accuser réception de ce courrier et de nous donner acte de cette résiliation.

    Nous vous remercions à l'avance et vous prions d'agréer, Messieurs, nos salutations les meilleures.

                                    Signature

CONSEILS GÉNÉRAUX

SERVICES COMMERCIAUX

SERVICES FINANCIERS

SERVICES ADMINISTRATIFS

RELATIONS HUMAINES

DIVERS

Petite annonce – offre d'emploi

> Une entreprise qui recherche un salarié pour un emploi précis utilise dans la plupart des cas les petites annonces d'offre d'emploi.

▬▬▬ Objet de la petite annonce

Les annonces d'offre d'emploi sont insérées essentiellement dans la presse locale ou régionale, certaines paraissent également dans les journaux de l'A.N.P.E. ou peuvent être consultées sur les panneaux d'affichage des agences.

L'objectif essentiel de l'annonce est d' « accrocher » les demandeurs d'emploi afin de susciter un maximum de réponses tout en ciblant au plus près le public auquel elle s'adresse. Le problème pour l'entreprise devient alors de choisir parmi une multitude de candidats celui qui correspond le mieux aux exigences du poste à pourvoir.

Certaines entreprises contournent ce problème en faisant appel à des organismes spécialisés comme les « conseils en recrutement » qui se chargent de la conception de l'annonce, de sa parution dans la presse, de la réception des candidatures, de la sélection et du recrutement des candidats.

▬▬▬ Contenu de l'annonce

Une petite annonce bien conçue donne des informations suffisamment précises sur l'entreprise, le poste, les caractéristiques exigées du candidat, les modalités de prise de contact. Elle se compose de trois parties essentielles :

– la présentation succincte de l'entreprise et le poste offert

– la description du poste (mission) et des exigences de la fonction (profil et qualités du candidat). Dans cette partie figurent aussi parfois les conditions de travail et la rémunération proposées

– les références du dossier de candidature accompagnées des coordonnées de l'organisme à qui il faut adresser le dossier

Mais attention, si la petite annonce doit être précise, elle ne doit utiliser qu'un minimum de mots afin de ne pas entraîner des coûts de parution trop élevés.

▬▬▬ Présentation de l'annonce

L' « accroche » de la petite annonce se fait essentiellement par sa présentation matérielle (choix des caractères, des couleurs, de la disposition du texte), son emplacement (de préférence sur la page de droite et au centre), sa taille et éventuellement par la présence d'un dessin ou d'une illustration qui peut faire appel à l'humour.

QUELQUES EXEMPLES D'ANNONCE

Société prestataire de services dans le domaine de la CONSTRUCTION

COLLABORATEUR
JURIDIQUE

Maîtrise DEA, DESS
1 an d'expérience sous contrat CDD
5 mois
Disponibilité 1er février 2001
*Adresser CV, lettre manuscrite
et prétentions à*
CESP DÉVELOPPEMENT
26, rue de la Boétie – 75008 PARIS

Saint-Brieuc – 45 000 Habitants

Une qualité de vie,
Une ville de taille humaine de 50 000 Habitants.
Une dynamique culturelle.

RECRUTE
UN RESPONSABLE ANIMATION CULTURELLE
(NIVEAU BAC + 3)

Votre expérience en matière d'animation et de développement culturel, Théâtre, Cinéma, Culture Scientifique et Technique,
Votre goût de la communication,
Votre aptitude à la gestion de projets,
Vous permettront :
De concevoir et mettre en œuvre sur les plans culturel et financier des expositions, actions théâtre et cinéma.

Adresser candidature et CV détaillé à
Monsieur le Maire – B.P. 3543
22023 SAINT-BRIEUC CEDEX
avant le 3 février 2001

Pour réussir dans l'univers des hautes technologies, il faut savoir sortir des sentiers battus, créer sa propre voie. Carade a bâti sa réussite sur des hommes et des femmes capables d'anticiper les évolutions... en toute créativité. Avec eux, Carade poursuit sa croissance ininterrompue depuis plus de 50 ans et continue à innover dans tous les secteurs d'avenir : réseaux, télécommunications...

JEUNES DIPLÔMÉS
DÉBUTANTS OU PREMIÈRE EXPÉRIENCE

Vous êtes diplômé d'une grande école de commerce ou d'ingénieurs (généraliste ou spécialisée en informatique ou électronique) et possédez éventuellement une première expérience. Vous maîtrisez l'anglais. Venez bâtir votre propre univers et partager notre réussite.

• Ingénieurs R&D • Ingénieurs produits • Ingénieurs qualité • Ingénieurs télécom • Ingénieurs d'applications logicielles • Ingénieurs supports techniques • Consultants systèmes d'information • Analystes financiers.

Pour ces postes basés à Grenoble, merci d'adresser votre dossier de candidature à Pascale Mauduit – Carade, Service Recrutement – 13281 Marseille Cedex 06.

• Ingénieur acheteur (spécialité emballage) • Ingénieurs applications logicielles • Ingénieurs production.

Pour ces postes basés à Lyon-Isle d'Abeau, merci d'adresser votre dossier de candidature à Dominique Faria, Service Recrutement – 35, rue Brizeux – 67078 Strasbourg Cedex.

CONSEILS GÉNÉRAUX

SERVICES COMMERCIAUX

SERVICES FINANCIERS

SERVICES ADMINISTRATIFS

RELATIONS HUMAINES

DIVERS

Lettre d'offre d'emploi à l'ANPE

Une entreprise peut recruter directement (annonces dans la presse, recrutement interne, intervention de cabinets de recrutement). Elle peut recourir également à l'ANPE.

▬▬▬ Objet de la lettre

Notifier à l'agence locale de l'ANPE dont l'entreprise dépend l'existence d'une création ou d'une vacance de poste.

▬▬▬ Cadre juridique

☐ L'Agence nationale pour l'emploi, si elle n'a plus le monopole du placement des demandeurs d'emploi, demeure l'organisme public responsable de la gestion des demandeurs d'emploi en France.

☐ L'ANPE, présente dans toutes les communes d'une certaine importance par l'intermédiaire de ses agences locales, est chargée de :

– accueillir et informer les demandeurs d'emploi,

– orienter ces demandeurs vers les entreprises qu'elle connaît ou vers un stage de formation professionnelle,

– prospecter les emplois disponibles auprès des entreprises locales.

☐ L'entreprise est tenue de signaler à l'ANPE toute création ou vacance de poste, sauf si le recrutement est interne. Mais l'employeur garde toute liberté d'embauche, dans la mesure où :

– il n'est pas obligé d'accepter le candidat proposé par l'ANPE (mais il est tenu de prévenir l'ANPE dont il dépend dans les 48 h qui suivent l'embauche) ;

– il peut embaucher directement (annonces, cabinets de recrutement, etc.).

☐ Lors de la rédaction d'offre d'emploi à l'ANPE, il est interdit à l'entreprise de mentionner le sexe ou la situation de famille du candidat recherché, sauf si l'appartenance à l'un ou l'autre sexe est déterminante pour l'exercice d'un emploi spécifique (article L. 123-1 du Code du Travail). L'entreprise ne peut refuser d'embaucher un candidat en raison de son origine, de ses opinions politiques ou religieuses ou encore de son appartenance à une race, une nation ou une religion.

☐ Lorsque le candidat est un cadre, il est recommandé à l'employeur d'envoyer également une offre d'emploi à la revue hebdomadaire de l'APEC (Association pour l'Emploi des Cadres).

▬▬▬ Plan de la lettre

1. Annoncer l'offre d'emploi de la société

2. Indiquer le plus précisément possible le profil du poste à pourvoir

3. Indiquer le salaire et les primes éventuelles

4. Préciser la marche à suivre pour les candidats potentiels (lettre manuscrite, CV, photo, etc.).

MODÈLES DE LETTRES

Offre d'emploi à l'ANPE

```
S.A.A.G.I.I.
245 bd de la Villette
75019 Paris

                                    Agence ANPE
                                    237 rue de Belleville
                                    75019 Paris

Objet : Offre d'emploi              Paris, le 3 mars 200.

    Messieurs,

    Notre société : ....... (nom et adresse de l'entreprise)
    recherche un ....... (détailler la ou les fonctions) pour une
    durée indéterminée.
        Le (la) candidat(e) devra avoir .... (âge) minimum et
    .... (âge) au plus.
        Son expérience professionnelle devra être de ...
    (années) au moins et il(elle) devra être titulaire d'un
    ....... (indiquer le ou les diplômes requis) ou une
    équivalence.
    Son salaire sera de .... € bruts par mois.
        Les avantages sociaux dans notre société sont :
        — 13ᵉ mois,
        — restaurant d'entreprise,
        — prime d'intéressement.

    Le(s) candidat(s) devront adresser une lettre manuscrite,
    accompagnée d'un curriculum vitae détaillé et d'une photo
    récente à votre agence qui transmettra.

    Avec nos remerciements.

                                    Le Directeur du Personnel,
```

Lettre à l'APEC

```
En-tête identique à la lettre précédente

    Le service ....... de la Société X....... spécialisée dans
    ........ (indiquer l'activité principale), leader dans son
    domaine (indiquer le chiffre d'affaires) recherche un(e)
    collaborateur(rice) pour assurer les fonctions de .......
    (détailler le profil du poste) pour une durée de ....

    Le(la) candidat(e) retenu(e) sera âgé(e) de .... minimum et de
    .... maximum. Il devra avoir une expérience professionnelle de
    .... années minimum et être titulaire d'un ....... (indiquer
    le ou les diplômes de grandes écoles demandés).
```

CONSEILS GÉNÉRAUX

SERVICES COMMERCIAUX

SERVICES FINANCIERS

SERVICES ADMINISTRATIFS

RELATIONS HUMAINES

DIVERS

Lettre de demande de renseignements

La demande de renseignements fait partie des habitudes qu'ont certaines entreprises : la prise de renseignements sur les collaborateurs qu'elle envisage d'embaucher.

▬▬ Objet de la lettre

Cette lettre est une lettre délicate : en effet, le contenu des informations que le destinataire va être amené à donner (avec des incidences juridiques possibles) oblige le rédacteur de cette demande de renseignements à assurer son correspondant du caractère confidentiel de sa demande.

▬▬ Les caractéristiques de la lettre

Elle doit préciser la nature des renseignements demandés, mais également la raison pour laquelle on s'informe (ex. : poste à pourvoir…).

Si l'on ne veut pas mentionner le nom de la personne dans la lettre, il faut joindre une fiche séparée. Par mesure de précaution, l'enveloppe doit porter la mention « Confidentiel ».

▬▬ Plan de la lettre

1. Annoncer l'objet de la lettre
2. Préciser la nature des renseignements demandés (aptitudes professionnelles du candidat, valeur morale), ainsi que la raison pour laquelle on a besoin de ces informations
3. Assurer le correspondant du caractère confidentiel que l'on donnera à sa réponse
4. Remercier pour la réponse (éventuellement proposer au correspondant de lui rendre, le cas échéant, le même service)

▬▬ Formules types

« En consultant ses états de service, nous apprenons qu'il a été à votre service du ….. au ….. »

« Nous vous saurions gré de nous dire ce que vous pensez de ses compétences professionnelles et de ses qualités humaines.

Nous aimerions également avoir votre avis sur ses aptitudes au travail en équipe : en effet, l'emploi auquel il postule exige de pouvoir travailler en étroite collaboration avec des personnes de cultures très différentes. »

« Nous vous serions reconnaissants de toute autre information que vous voudrez bien nous fournir à propos de M….. X….. et vous assurons de notre absolue discrétion. »

DEMANDE DE RENSEIGNEMENTS

```
M..... X......
Société X.Y.Z.
Adresse
```

```
                              M. A......
                              Directeur du Personnel
                              15 rue de la Convention
                              75015 PARIS

                              Lieu,
                              Date,
```

CONFIDENTIEL

Objet :
Demande de renseignements

M......,

M. G.W..... sollicite un emploi de ...... dans notre Société.

À la lecture de son curriculum vitae, nous constatons qu'il a été ...... dans votre entreprise du .... au ....

Nous vous serions très obligés de bien vouloir nous donner votre appréciation générale sur cette personne.

En effet, nous envisageons de lui confier de hautes responsabilités et nous souhaiterions avoir le plus d'indications possibles sur ses compétences professionnelles et ses qualités humaines.

Nous pouvons vous assurer de notre entière discrétion relative aux informations que vous voudrez bien nous communiquer.

Nous vous remercions à l'avance et vous prions d'agréer, …

                              Signature

CONSEILS GÉNÉRAUX

SERVICES COMMERCIAUX

SERVICES FINANCIERS

SERVICES ADMINISTRATIFS

RELATIONS HUMAINES

DIVERS

Réponse négative à une lettre de candidature

Le service du personnel aura à rédiger ce type de lettre dans le cadre d'une procédure de recrutement ou simplement pour répondre à des candidatures spontanées.

Objet de la lettre

Annoncer à un candidat ou à une personne qui a envoyé une offre d'emploi que sa candidature n'a pas été retenue.

Plan de la lettre

1. Informer immédiatement du refus de la candidature
2. Donner les raisons de ce refus
3. Conclure en souhaitant au destinataire de trouver rapidement un emploi

Remarques

☐ Répondre au courrier reçu en général et aux offres de candidature en particulier est un devoir élémentaire pour toute entreprise. En effet, au-delà du simple geste de courtoisie, le courrier de l'entreprise concourt à l'image même de celle-ci, même à l'occasion d'une lettre de rejet de candidature.

☐ La lettre de rejet d'une candidature (surtout lorsque l'entreprise procède au recrutement d'un nouveau salarié) se doit d'être courtoise et la plus personnalisée possible, afin de ne pas blesser le destinataire.

Motifs pouvant être utilisés

Les motifs invoqués dans la lettre seront différents selon l'avancement de la procédure de recrutement. On peut notamment utiliser des lettres types lorsque l'on répond à des offres d'emploi spontanées auxquelles on ne donne pas suite. Un certain nombre de motifs possibles sont cités ci-dessous :

« Le poste que vous sollicitez vient d'être pourvu et aucun autre poste n'est vacant actuellement. »

« Votre expérience professionnelle nous paraît insuffisante pour le poste à pourvoir. »

« Vous n'avez pas, à ce jour, terminé votre formation initiale. Bien que l'obtention de votre diplôme ne soit pas un facteur déterminant pour nous, nous vous conseillons de nous recontacter à la fin de vos études. »

« Nous ne disposons pas dans la société de poste correspondant à votre qualification. »

« La date à laquelle vous serez libéré de vos obligations du service national est encore trop lointaine pour que nous soyons en mesure de vous dire si un poste sera vacant. »

« Nous avons examiné votre candidature très attentivement. Toutefois, et sans que vos qualifications soient mises en doute, notre choix s'est porté sur une personne dont le profil semble mieux correspondre au poste à pourvoir. »

QUELQUES EXEMPLES

Refus de candidature après entretien

Lieu,

Date,

Objet :
Votre offre de candidature

M.....

Suite à l'entretien que vous avez eu avec M....., nous avons le regret de vous informer que nous ne pouvons retenir votre candidature au poste de ....

En effet, notre choix s'est porté sur un(e) autre candidat(e) dont l'expérience et la qualification correspondent mieux aux exigences du poste à pourvoir.

Nous vous souhaitons de trouver rapidement un emploi correspondant à vos voeux et vos compétences.

Nous vous prions d'agréer, M......, nos salutations distinguées.

M. X......
Fonction

Refus de candidature après réception d'une offre spontanée

Lieu,

Date,

Objet :
Votre offre de candidature

M......

Nous avons bien reçu votre offre de candidature à un poste de .... et vous en remercions.

Nous avons examiné celle-ci avec attention, mais malgré l'intérêt qu'elle représente, nous sommes au regret de vous informer que nous ne pouvons y donner une suite favorable.

En effet, la conjoncture économique actuelle ne nous permet pas, pour le moment, d'engager de nouveaux collaborateurs.

Nous conservons néanmoins votre dossier et ne manquerons pas de vous recontacter si un poste susceptible de vous convenir venait à se libérer.

Nous espérons que vous trouverez rapidement un emploi conforme à vos compétences professionnelles et vous prions d'agréer, M......, nos salutations distinguées.

M. X......
Fonction

CONSEILS GÉNÉRAUX

SERVICES COMMERCIAUX

SERVICES FINANCIERS

SERVICES ADMINISTRATIFS

RELATIONS HUMAINES

DIVERS

Réponse positive à une lettre de candidature

La réponse positive à une lettre de candidature peut être la première étape vers la sélection d'un candidat ou être envoyée à la suite de tests ou (et) d'entretiens.

▬▬▬ Objet de la lettre

Accuser réception d'une offre d'emploi. Elle a souvent un caractère très administratif. On peut noter cependant une tendance à la spontanéité dans certaines entreprises, soucieuses de communication.

▬▬▬ Plan de la lettre

1. Accuser réception de la lettre
2. Donner les raisons générales de l'intérêt de la candidature pour l'entreprise
3. Proposer au candidat(e) un rendez-vous

▬▬▬ Remarques générales

Le traitement des candidatures spontanées ou le traitement des candidatures répondant à un besoin de l'entreprise est une des principales tâches du service Recrutement d'une entreprise. Ce type de courrier, très répétitif, est de plus en plus souvent organisé sous forme de lettre type. Il peut constituer une première réponse à une offre d'emploi ou bien déjà une convocation du candidat après une première prise de contact.

▬▬▬ Formules types

☐ Introduction

« Nous vous remercions de l'intérêt que vous portez à notre société en nous proposant votre collaboration. »

« Nous vous remercions d'avoir bien voulu répondre à l'offre d'emploi que nous avons fait paraître dans ….. le ….. »

« Pour faire suite aux tests que vous avez passés récemment et afin de terminer l'examen de votre candidature, nous aimerions nous entretenir avec vous. »

« Vous avez bien voulu nous contacter récemment pour nous proposer votre collaboration. »

☐ Développement

« Afin de nous permettre d'étudier votre demande d'une manière plus approfondie, nous vous serions obligés de bien vouloir nous retourner la fiche de renseignements ci-jointe, complétée et accompagnée d'une photo récente. »

« Afin de procéder avec vous à un examen plus approfondi de votre demande, nous vous demandons de bien vouloir vous présenter à nos bureaux, … le … à … »

« En conséquence, vous voudrez bien vous présenter au Service du Personnel le … à … pour passer quelques tests et avoir un premier entretien avec M….., le responsable du Recrutement. »

EXEMPLE DE CONVOCATION

G.M. DÉCORATION
BP 203 — ZI Les Islettes
93200 Saint-Denis

                    M.

                    Saint-Denis,
                    le ....

Objet :
V/Demande d'emploi

M......,

Votre demande d'emploi du .... a retenu toute notre attention.

Votre formation et vos références seraient susceptibles de nous intéresser.

Nous souhaiterions avoir un premier entretien avec vous et vous faire passer quelques tests, afin de procéder à une étude plus approfondie de votre candidature.

Nous vous demandons donc de bien vouloir vous présenter au Service du Recrutement le .... à ....

Au cas où vous ne pourriez vous libérer à cette date, nous vous serions reconnaissants de bien vouloir nous en aviser par retour de courrier.

Nous vous prions d'agréer, M......, l'expression de nos sentiments distingués.

                    Signature

CONSEILS GÉNÉRAUX

SERVICES COMMERCIAUX

SERVICES FINANCIERS

SERVICES ADMINISTRATIFS

RELATIONS HUMAINES

DIVERS

Réponse aux demandes de stage en entreprise

Les stages en entreprise étant un passage quasi-obligé de la formation professionnelle des jeunes, l'entreprise va devoir répondre aux demandes de stage qui lui sont adressées.

▬▬▬ Objet de la lettre

Accepter ou refuser l'accueil d'un stagiaire dans l'entreprise. Ce genre de lettre est à rédiger de plus en plus souvent, les demandes de stage se faisant actuellement beaucoup plus nombreuses.

▬▬▬ Cadre juridique

☐ Un stagiaire en entreprise peut être rémunéré ou non. Dans le cas où le stagiaire est rémunéré, les cotisations sont celles applicables aux salariés du régime général.

Dans le cas où le stagiaire n'est pas rémunéré, celui-ci peut recevoir des gratifications.

– Gratifications inférieures à 30 % du SMIC : les cotisations patronales sont calculées sur la base de 25% du SMIC ; il n'y a aucune cotisation salariale. Ceci à condition que le stage soit un stage d'initiation, de formation professionnelle, ou bien un stage en entreprise obligatoire dans le cadre d'un enseignement.

– Gratifications supérieures à 30% du SMIC : la totalité de la somme versée est soumise aux cotisations patronales et salariales.

☐ Ces stages peuvent avoir une durée supérieure à trois mois. La mention d'une indemnité, dans une convention de stage, ne suffit pas à lui conférer un caractère de rémunération.

▬▬▬ Plan de la lettre

1. Accuser réception de la demande
2. Informer le destinataire de la décision de l'entreprise en la motivant :
– accord avec proposition de prise de contact ou de rendez-vous
– refus : expression de regrets et proposition pour une date ultérieure ; impossibilité d'accueil à cause de l'infrastructure de la société (pas de matériel ou manque de place) ; planning complet à cette date avec proposition de renouvellement de demande de stage.
3. Formule de politesse

Lexique

Convention de stage : contrat écrit, passé entre deux parties (par exemple un établissement scolaire et une entreprise) stipulant les droits et les obligations de chacune des parties lors de l'accueil d'un stagiaire dans une entreprise.

MODÈLES

Acceptation d'accueil de stagiaire

G. M. DÉCORATION
Z.I. - LES ISLETTES
93200 SAINT-DENIS

Saint-Denis

Objet : V/ Demande de stage   le ...

M........,
Nous avons bien reçu votre lettre du ... et vous remercions de la confiance que vous manifestez en notre société.
Nous vous accueillerons avec plaisir dans notre entreprise du ... au ....
Nous aimerions, au préalable, vous rencontrer. Nous vous demandons donc de bien vouloir prendre contact avec M.... (Tél ....) pour convenir d'un rendez-vous.
Nous vous prions d'agréer, M...., nos sincères salutations.

Refus d'accueil de stagiaire

1. Nous sommes désolés de ne pouvoir donner suite à votre demande. En effet, notre planning de stages est complet pour la période du .... au .....
En revanche, nous aurions la possibilité de vous accueillir du .... au ..... Si vous êtes intéressé(e) par cette date, vous pouvez contacter M.... (Tél : ....)
2. Il nous est malheureusement impossible de vous accueillir cette année dans notre entreprise. En effet, notre planning de stages est complet pour l'année 2000.
Nous le regrettons et vous demandons de bien vouloir nous recontacter ultérieurement pour l'année 2001.
Veuillez agréer, M...., nos sincères salutations.

Attestation de fin de stage

Je, soussigné ...., Gérant de la Société ...., atteste que M.... a suivi un stage de .... du .... au .... dans notre société au service .... en tant que .....
Ses qualités de .... (rigueur, conscience professionnelle, initiative, créativité, etc.) ont été vivement appréciées par tous.

Fait à ....
Le ....
Pour servir et valoir ce que de droit
Le Gérant,

CONSEILS GÉNÉRAUX
SERVICES COMMERCIAUX
SERVICES FINANCIERS
SERVICES ADMINISTRATIFS
RELATIONS HUMAINES
DIVERS

Lettre d'embauche

L'engagement d'un salarié prend de plus en plus souvent une forme écrite. Le salarié ou/et l'employeur désirent avoir des garanties. Ainsi, l'employeur sera amené à rédiger une lettre d'embauche précédée quelquefois d'une promesse d'embauche.

Objet de la lettre

Confirmer par écrit à un candidat qu'il a été retenu pour le poste et fixer ses conditions d'emploi.

Cadre juridique

☐ Une pratique nouvelle apparaît actuellement : la promesse d'embauche. Cette pratique a tendance à se développer pour les cadres qui désirent, avant de quitter leur entreprise, avoir des garanties auprès de l'entreprise auprès de laquelle ils ont postulé. La promesse d'embauche se distingue de la simple offre d'emploi, car elle crée des obligations pour l'entreprise qui ne peut revenir sur cette promesse, à partir du moment où le candidat au poste a signé cette promesse.

☐ La promesse d'embauche contient les dispositions générales (début du contrat, type de contrat, poste occupé, rémunération) quant aux futures conditions d'emploi du candidat. Les juges considèrent cette promesse comme un contrat légalement formé. L'entreprise ou le futur salarié qui reviendraient sur cette promesse peuvent donc être condamnés à des dommages et intérêts.

☐ Cette promesse d'embauche peut contenir des clauses suspensives à savoir : une aptitude médicale constatée par un médecin agréé, la remise de diplômes ou d'une carte de travail, l'établissement d'un contrat de travail.

La lettre d'embauche, elle, n'intervient qu'au moment de l'embauche et est bien plus précise quant aux conditions d'emploi du salarié.

Plan de la lettre

1. Annoncer l'embauche au poste proposé
2. Annoncer la date du début du contrat
3. Annoncer les horaires de travail
4. Demander au futur salarié de retourner le double du document signé, précédé de la mention « Lu et Approuvé »
5. Souhaiter une collaboration heureuse avec le nouveau salarié

Lexique

DPAE : déclaration préalable à l'embauche. Dès que le recrutement est certain, l'employeur doit envoyer à l'URSSAF une déclaration annonçant le jour et l'heure à laquelle le salarié entrera en fonction. Cette déclaration nouvelle constitue l'une des obligations légales de l'employeur en matière d'embauche.

Embauchage : action d'embaucher, d'engager le candidat qui convient au chef d'entreprise. On parle d'embauchage direct lorsqu'une entreprise ne fait pas appel à l'ANPE pour recruter un salarié.

QUELQUES EXEMPLES

Lettre d'embauche

M......

Nous avons le plaisir de vous annoncer que votre candidature au poste de ...... a été retenue.

Vous commencerez votre travail le .... à .... précises dans notre société dont l'adresse figure ci-dessus. Votre responsable sera M......

Les horaires de travail sont de .... à .... du lundi au vendredi. Votre contrat de travail sera établi par le service du personnel dans le courant de la semaine qui suit votre engagement.
Pour la bonne règle, nous vous demandons de bien vouloir retourner le double de cette lettre en faisant précéder votre signature de la mention « Lu et approuvé ».

Nous espérons que notre collaboration sera fructueuse et vous prions de croire, M......, à l'assurance de nos meilleures salutations.

À ...., le ....

Le Chef du Personnel

Promesse d'embauche

Entre les soussignés :
— La société ......, dont le Siège social est situé à ......
Réprésentée par M......   d'une part,

— Et M......
Demeurant à ......   d'autre part.

Il a été arrêté ce qui suit :

La Société ...... s'engage à établir au profit de M...... un contrat de travail dont les conditions sont les suivantes :
Le contrat prendra effet le ....

Il sera établi sans limitation de durée mais comportera une période d'essai de .... mois.

M...... occupera la fonction de .... au coefficient .... de la Convention collective de .... Les tâches essentielles seront fixées dans ce contrat. En contrepartie de sa fonction, M...... percevra une rémunération de ....

Le présent accord deviendra caduc au cas où M...... ne serait pas libre de tout engagement vis-à-vis de son employeur actuel, à la date prévue d'effet du contrat de travail, soit le ....

Fait à ....
L'an deux mille....

Pour la Société

Le salarié

(Signature précédée de la mention manuscrite
« Lu et approuvé — Bon pour accord »)

CONSEILS GÉNÉRAUX
SERVICES COMMERCIAUX
SERVICES FINANCIERS
SERVICES ADMINISTRATIFS
RELATIONS HUMAINES
DIVERS

Lettre de recommandation

Une entreprise peut être amenée à rédiger une lettre de recommandation en faveur d'un de ses anciens salariés qui se trouve à la recherche d'un nouvel emploi. Cette lettre de recommandation est une démarche volontaire qui engage moralement l'entreprise.

▬▬▬ Objet de la lettre

☐ Cette lettre a pour objet de donner des informations sur le candidat à un emploi dans une autre entreprise. Elle a un caractère privé et confidentiel. Les renseignements donnés peuvent être neutres. Mais si le candidat est une personne dont la société était très satisfaite, la lettre peut être élogieuse. On peut rappeler ses qualifications et il est d'usage de décrire son poste dans la société, ainsi que son profil personnel.

☐ La lettre de recommandation doit, si possible, indiquer les liens que le rédacteur de la lettre entretient (ou entretenait) avec la personne qu'il recommande. La personne qui recommande une autre personne peut décrire le contexte professionnel dans lequel il a côtoyé le salarié recommandé. Les remarques générales doivent être étayées par des faits précis.

▬▬▬ Plan de la lettre

1. Annoncer l'objet de la lettre
2. Indiquer immédiatement la ou les fonctions occupées par la personne à recommander
3. Donner votre impression personnelle sur les qualités et éventuellement sur les défauts du candidat
4. Conclure sur une appréciation générale du candidat

▬▬▬ Modèle de lettre de recommandation d'un avocat

```
Monsieur le Directeur,

Je me permets de vous recommander Étienne Leroux, avocat. Étienne Leroux
est le frère de mon associé décédé il y a quelques années et j'ai pu le
suivre tout au long de ses études de Droit.
Il a débuté dans mon cabinet et a eu la charge du suivi des dossiers de
contentieux. Il a participé également à la négociation de contrats
juridiques particulièrement difficiles et complexes.
J'ai pu apprécier les qualités de juriste d'Étienne Leroux durant ces
années. C'est un jeune homme dynamique et rigoureux. Sa connaissance
approfondie du droit des sociétés, son esprit méthodique et son sens du
dialogue en font un collaborateur hors pair.
Mais ce sont avant tout ses motivations profondes que j'estime le plus
en lui. Il présente donc toutes les garanties de haute tenue morale et
de respect de l'éthique de notre profession.

Recevez, Monsieur le Directeur, l'expression de mes sentiments les
meilleurs.
```

EXEMPLE DE LETTRE

Dominique Perrotti
15 avenue Montaigne
75008 Paris

Société X....
À l'attention de X....
21, rue du Bourg-Tibourg
75004 Paris

Paris, le ....

Objet :
Lettre de recommandation

M....

G. W......, qui a postulé pour un emploi de
........, m'a demandé d'appuyer sa demande auprès
de vous.

Je le fais avec plaisir. En effet, G. W..... fut
un de nos plus brillants collaborateurs au
Service Formation de notre entreprise du ..... au
..... Une restructuration de notre société nous a
obligés à me séparer de ce pédagogue hors pair.

G. W...... possède non seulement des compétences
professionnelles indéniables, mais également des
qualités humaines et un grand sens des
responsabilités au sein d'une équipe de travail.

C'est donc sans réserve aucune que je vous
recommande G. W......

Veuillez agréer,...

Signature

CONSEILS GÉNÉRAUX
SERVICES COMMERCIAUX
SERVICES FINANCIERS
SERVICES ADMINISTRATIFS
RELATIONS HUMAINES
DIVERS

Convocation aux réunions de délégués du personnel

Le chef d'entreprise ou ses représentants doit prendre l'initiative d'une réunion mensuelle avec les délégués du personnel.

▬▬ Objet de la lettre

☐ Avertir les délégués du personnel de la date de la prochaine réunion mensuelle plénière. Cette note est une convocation adressée à tous les délégués. Elle peut être une lettre simple, remise directement ou envoyée, ou encore envoyée en recommandé.

☐ En dehors de cette réunion mensuelle, les délégués du personnel peuvent être reçus en cas d'urgence, sur leur demande, par l'employeur.

▬▬ Cadre juridique

☐ Le chef d'entreprise ou d'établissement ou son représentant doit réunir impérativement les délégués du personnel au minimum une fois par mois. L'initiative de cette réunion lui appartient et il doit en fixer la date. Le non-respect de cette obligation constitue un délit d'entrave.

☐ Participent à cette réunion :
– le chef d'entreprise qui, normalement, préside la réunion.
– les délégués du personnel élus, c'est-à-dire les délégués titulaires et suppléants.
– un ou plusieurs collaborateurs du chef d'entreprise, à condition que le nombre de ses collaborateurs ne soit pas supérieur au nombre des délégués du personnel.
– un représentant syndical appartenant à l'entreprise ou extérieur à l'entreprise.
La date de la réunion doit être fixée suffisamment à l'avance pour que les délégués aient le temps de remettre à l'employeur les réclamations du personnel (2 jours avant la réunion selon le Code du Travail).

▬▬ Plan de la convocation

1. Préciser l'émetteur, c'est-à-dire l'employeur
2. Indiquer le destinataire et préciser que la convocation est envoyée aux autres participants à la réunion mensuelle
3. Donner la date de la réunion et rappeler l'obligation faite aux délégués du personnel de remettre une note écrite avant cette réunion (rappel de la loi)

Lexique

Assemblée plénière : assemblée qui siège de plein droit, avec la présence de tous ses membres. Ici, tous les membres de droit sont les délégués du personnel et le chef d'entreprise.

Délit d'entrave : infraction commise par un employeur empêchant ou tentant d'empêcher les différentes institutions représentant le personnel (syndicat, délégué…) d'exercer leurs droits.

MODÈLE DE CONVOCATION

Nyons, le ....

Du Directeur de l'Établissement :
M. X......

À J. P Y...... : Délégué du Personnel
Convocation envoyée à : Messieurs ....
                                    ....
                                    ....
                                    ....
                                    ....

Monsieur,

Nous vous informons que la prochaine réunion mensuelle des délégués du personnel de l'établissement aura lieu le ..... à ..... dans la salle Pasteur.

Conformément aux dispositions de l'article L. 424.5 du Code du Travail, nous vous rappelons que vous devez nous remettre une note écrite avant le ..... (*deux jours ouvrables avant la réunion*).

Nous vous remercions de votre collaboration.

Le Directeur,

M. X......

CONSEILS GÉNÉRAUX

SERVICES COMMERCIAUX

SERVICES FINANCIERS

SERVICES ADMINISTRATIFS

RELATIONS HUMAINES

DIVERS

Élections des représentants du personnel

Les représentants du personnel sont de trois ordres : les délégués syndicaux, les délégués du personnel et les délégués au comité d'entreprise. Seuls les deux derniers sont élus.

▬▬▬ Les obligations légales

☐ La présence de ces élus du personnel est obligatoire dans les entreprises :
– à partir de 11 salariés pour les délégués du personnel ;
– à partir de 50 salariés pour le comité d'entreprise.
☐ Les élections de délégués du personnel ont lieu tous les deux ans comme celles des délégués au comité d'entreprise. L'initiative des élections incombe à l'employeur. Mais elles peuvent être aussi demandées par un salarié ou une organisation syndicale représentative.

▬▬▬ Cadre juridique de l'organisation des élections

☐ Pour organiser ces élections, le chef d'entreprise doit informer le personnel par voie d'affichage en précisant la date envisagée pour le premier tour. Il doit également négocier un protocole d'accord préélectoral avec les organisations syndicales présentes dans l'entreprise ou les organisations syndicales représentatives au niveau national. L'accord doit être conclu par toutes ces organisations. L'employeur établit lui-même le protocole s'il n'a pas d'interlocuteurs syndicaux.
☐ Le protocole d'accord préélectoral doit contenir :
– les modalités d'organisation et de déroulement des élections (respect des principes généraux du droit électoral : propagande électorale, neutralité de l'employeur) ;
– la répartition du personnel et des sièges entre les collèges : deux collèges en général :
– le premier pour les ouvriers et les employés,
– le deuxième pour les ingénieurs, agents de maîtrise et chefs de service (un seul collège dans les élections de D.P. dans les entreprises de moins de 25 salariés) ;
– éventuellement des dispositions plus favorables aux salariés que les dispositions légales (par ex. : nombre plus important de représentants du personnel).

Lexique

Organisation syndicale représentative : La représentativité d'une organisation syndicale est déterminée d'après les critères suivants : ses effectifs, son indépendance vis-à-vis des employeurs, les cotisations qu'elle perçoit, son expérience et son ancienneté, son attitude patriotique pendant l'Occupation (art. L. 133.2 du Code du Travail).

QUELQUES EXEMPLES DE NOTES

Modèle de note informant les organisations syndicales représentatives de l'entreprise de l'organisation d'élections de délégués du personnel

Paris, le .....

Destinataires : Section Syndicale CGT-FO
Section Syndicale CGT
Section Syndicale CGC

Objet : Élections des Délégués du Personnel

NOTE DE SERVICE N°.....

Notre Société entre dans le champ d'application de l'article L. 421-1 du Code du Travail. En conséquence, nous tenons à vous informer de l'organisation d'élections de délégués du personnel dans notre entreprise.

Nous vous invitons donc à prendre contact avec M. X....., Directeur, avant le ..... afin de négocier le protocole d'accord préélectoral relatif aux modalités de ces élections.

Si aucune organisation syndicale ne s'est manifestée à cette date, nous considérerons que le premier tour de scrutin des élections de D.P. aura lieu le .....

La Direction

Modèle de note relative à la date des élections des représentants du personnel

Paris, le .....

Destinataire : **à tout le personnel**

Objet : Élection des Délégués du Personnel

NOTE DE SERVICE N°

Les élections des délégués du personnel auront lieu le ..... de ..... heures à ..... heures pour le premier collège (ouvriers, employés) et de ..... heures à ..... heures pour le second collège (agents de maîtrise, techniciens, cadres) au ..... (*indiquer le lieu du scrutin qui peut être le restaurant d'entreprise, une salle de réunion, etc.*).

Les organisations syndicales représentées dans l'entreprise doivent déposer les listes des candidats auprès de la Direction des Ressources Humaines au plus tard le ..... (*quinze jours avant le scrutin*).

Les membres du personnel absents pour motif régulier à la date du scrutin pourront voter par correspondance. Ils seront avisés par courrier personnel des modalités du vote.

Les contestations relatives à l'électorat et à la régularité des opérations électorales relèvent du Tribunal d'Instance de ..... (*indiquer le lieu de compétence territoriale*) et ce dans les quinze jours qui suivent la publication des résultats de ces élections.

La Direction des Ressources Humaines

CONSEILS GÉNÉRAUX
SERVICES COMMERCIAUX
SERVICES FINANCIERS
SERVICES ADMINISTRATIFS
RELATIONS HUMAINES
DIVERS

Demande de congé

Le congé est un droit essentiel de tout salarié qui, réglementé par le Code du Travail peut être rémunéré ou non et en ce qui concerne sa demande, elle reste, dans la plupart des cas, soumise à l'accord de l'employeur.

▬▬▬ Objet de la lettre

Demander à son employeur une autorisation d'absence. Cette demande de congé est le plus souvent écrite.

La demande doit être motivée et peut avoir des causes très diverses : congé pour convenances personnelles, pour événements familiaux (mariage, décès d'un proche, etc.), pour élever un enfant, pour suivre une formation professionnelle ou syndicale, etc.

La demande d'autorisation d'absence doit être faite, par lettre recommandée avec accusé de réception, dans le cas où l'absence prévue est longue.

▬▬▬ Cadre juridique

La demande de congé la plus courante se fait dans le cadre des congés payés. Ceux-ci constituent un droit essentiel de tout salarié mais leur date et l'ordre des départs relèvent de la décision de l'employeur. En pratique, cela signifie que même si l'employeur recueille les souhaits des salariés qui « posent leurs congés », un salarié n'a aucun moyen d'imposer les dates de son choix.

Les autres demandes de congés (congé sabbatique, congé parental, congé pour création d'entreprise, etc.) obéissent à des règles précises, qu'il est possible de demander au service du personnel, à l'inspecteur du travail, ou de trouver dans la convention collective.

▬▬▬ Plan de la lettre

1. Annoncer son intention de prendre un congé en spécifiant le type de congé demandé
2. Motiver sa demande en s'appuyant sur la loi existante
3. Préciser la durée et la date de début du congé
4. Conclure en espérant l'accord ou en attendant une réponse de votre employeur

---

Lexique

Événements familiaux : entrent dans cette catégorie : le mariage du salarié, le décès du conjoint ou d'un enfant, le mariage d'un enfant, le décès du père ou de la mère du salarié, la naissance d'un enfant pour le père.

Congé sabbatique : congé sans solde (sauf disposition conventionnelle le prévoyant) pouvant être accordé à un salarié ayant au moins 36 mois de présence dans l'entreprise et 6 ans d'activité professionnelle.

Congé parental : congé non rémunéré accordé à l'un des deux parents pour élever son enfant jusqu'à l'âge de trois ans. Durée initiale de un an, pouvant être prolongée deux fois.

QUELQUES EXEMPLES

Modèle de demande de congé parental

Jean-Pierre Aumond
15 rue du Bourg
21000 Dijon

Lettre recommandée
avec accusé de réception

Objet :
Demande de congé parental

Dijon, le .....

Monsieur,

Mon congé de maternité prendra fin le ..... prochain. Je désirerais bénéficier d'un congé parental d'éducation pour élever mon enfant.
Je vous demande donc de suspendre mon contrat de travail pour une durée de 1 an à compter du ..... (1er jour après la fin du congé de maternité) conformément à l'article L. 122-28-1 du Code du Travail.
Conformément à la loi, je réintégrerai mes fonctions à l'issue de cette période. Il m'appartiendra d'en faire la demande par lettre recommandée au plus tard un mois avant la fin de mon congé parental.
Dans l'attente de votre accord, je vous prie d'agréer, Monsieur, l'assurance de ma considération distinguée.

Modèle de congé pour convenances personnelles

Lettre recommandée
avec accusé de réception

Objet :
Congé sabbatique

Dijon, le 15 avril 200.

Monsieur,

J'ai l'honneur de solliciter un congé pour convenances personnelles d'une durée de six mois.
Mes congés annuels se terminant le 15 août 200., ce congé sabbatique débutera le 16 août 200.
Conformément à l'article L. 122-32-32-21 du Code du Travail, je réintégrerai mes fonctions dans les mêmes conditions.
Dans l'attente de votre réponse, je vous prie de croire, Monsieur, à l'assurance de ma considération distinguée.

CONSEILS GÉNÉRAUX

SERVICES COMMERCIAUX

SERVICES FINANCIERS

SERVICES ADMINISTRATIFS

RELATIONS HUMAINES

DIVERS

Demande de congé individuel de formation

> Le congé individuel de formation (C.I.F.) est un droit reconnu à tout salarié quelque soit son secteur d'activité (Art. L.931.1 du Code du Travail).

▬▬ Cadre juridique

Ce congé se fait soit dans le cadre du plan de formation, soit dans le cadre du congé de formation.

Ce congé peut s'accomplir en tout ou partie pendant le temps de travail. Étant assimilé à une période de travail, il ne peut être imputé sur la durée des congés payés.

Ce congé ne rompt pas le contrat de travail : il ne fait que le suspendre.

☐ Tout salarié peut demander un congé individuel de formation pour suivre une action de formation. Il doit remplir deux conditions :

– avoir 24 mois d'ancienneté consécutifs ou non dans la branche professionnelle dont 12 mois dans l'entreprise (36 mois dans la branche, 12 mois dans l'entreprise pour les entreprises artisanales de moins de 10 salariés) ;

– respecter un délai de franchise entre deux congés individuels de formation.

La durée est limitée à 1 an pour les stages continus à plein temps ; à 1 200 h pour les stages à temps partiels.

Le salarié en congé individuel de formation continue à percevoir son salaire (en règle générale 80 % de son salaire brut initial) si ce congé reçoit l'accord d'un organisme paritaire agréé par l'État.

☐ Le salarié doit faire sa demande de congé individuel de formation dans les délais suivants :

– 4 mois avant le stage, si le stage est à plein temps et supérieur à 6 mois.

– 2 mois avant le début du stage, si le stage est inférieur à 6 mois. L'employeur dispose d'un droit de report (voir page 122).

▬▬ Plan de la lettre

1. Demande de congé individuel de formation avec rappel de la loi
2. Dates du congé et présentation de l'organisme de formation
3. Conclusion en mettant en évidence l'intérêt de ce congé de formation pour l'entreprise.

Lexique

Commission paritaire : assemblée composée de représentants de l'État et de représentants des syndicats représentatifs de salariés et d'employeurs chargée de donner des agréments et de contrôler les organismes de formation. Ex. : Opacif.

Plan de formation : ensemble des actions de formation prévues par l'entreprise pour une période déterminée. Le Comité d'entreprise est consulté sur la façon dont s'est déroulé le plan de l'année précédente et sur le projet de plan de l'année à venir.

MODÈLE DE DEMANDE

Dominique Blanchard
15 rue Source
75012 Paris

Service .....

M. X.....
Direction
des Ressources Humaines

Paris, le ....

Objet :
Demande de Congé Individuel
de Formation

M......,

Conformément à la loi du .... 1971, je me permets de solliciter un congé individuel de formation.

Ce stage se déroulera du .... au ....

Il est organisé par la Chambre de Commerce et d'Industrie de Paris et présente toutes les garanties de sérieux nécessaires. Il est d'ailleurs agréé par la Commission Paritaire de l'Emploi de notre profession.

Ce congé entraînera donc mon absence du .... au ....

Ce stage doit me permettre d'améliorer mes compétences professionnelles nécessaires à notre entreprise.

Je vous remercie d'examiner ma demande avec bienveillance.

Veuillez agréer, M......, mes salutations distinguées.

Signature

CONSEILS GÉNÉRAUX
SERVICES COMMERCIAUX
SERVICES FINANCIERS
SERVICES ADMINISTRATIFS
RELATIONS HUMAINES
DIVERS

Réponse à une demande de congé formation

Le traitement des demandes de congé individuel de formation relève du service du personnel d'une entreprise qui doit gérer au mieux ces demandes.

▬▬▬ Objet de la lettre

Répondre à la demande d'un salarié de l'entreprise ayant postulé pour un congé individuel de formation plus ou moins long. La lettre doit faire figurer l'accord, le report ou le refus de l'employeur. Le refus et le report doivent être motivés. Elle est généralement rédigée sous forme de lettre type.

▬▬▬ Cadre juridique

L'employeur ne peut refuser à un salarié un congé individuel de formation sans motif valable. Il doit s'appuyer sur des dispositions légales pour le faire. Le refus d'accorder à un salarié un congé formation peut avoir pour origine les conditions non requises de la part du salarié (voir page 121). Ce refus peut avoir aussi pour origine des conditions relatives à l'entreprise. Celle-ci peut reporter le congé de formation d'un salarié dans les cas suivants :
– dans les entreprises de moins de 10 salariés : si un autre salarié est déjà en congé individuel de formation ;
– dans les entreprises de moins de 200 salariés : si le nombre d'heures de congés dépasse 2 % du nombre d'heures de travail travaillées dans l'année ;
– dans les entreprises de plus de 200 salariés : si le nombre de salariés en congé de formation dépasse 2 % de l'effectif total.

▬▬▬ Plan de la lettre

1. Rappeler la demande de congé du salarié en indiquant précisément le type de stage demandé ainsi que sa durée
2. Donner l'accord pour ce congé ou indiquer le refus en le motivant
3. Demander au salarié de faire les démarches nécessaires pour ce congé ou, dans le cas d'un refus, lui demander de renouveler sa demande ultérieurement
4. Formule de politesse

▬▬▬ Formules types

Dans le cadre d'un refus, on peut indiquer : « Nous avons le regret de vous informer que votre demande ne peut être satisfaite car votre ancienneté dans notre société n'est pas suffisante (art. L. 931-2 du Code du Travail) » ; ou « Nous avons le regret de vous informer que votre demande ne peut être satisfaite pour l'instant car vous avez déjà suivi un stage de ..... (*indiquer le type de stage suivi*) du ..... au ..... (*indiquer la date*). Or, le délai de franchise réglementaire (art. L. 931-2 du Code du Travail) n'est pas écoulé. »

QUELQUES EXEMPLES

Modèle d'accord de congé individuel de formation

```
G.M.I.
45 bd Malesherbes
75008 Paris

Service du Personnel                    Christelle Desbois
                                        Service Comptabilité

Objet :                                 Paris, le .....
V/Demande du .....


Madame,

Vous avez souhaité bénéficier d'un congé individuel de
formation pour suivre un stage de ..... (type de stage)
du ..... au ..... (indiquer la durée du stage)
Nous avons le plaisir de vous annoncer que votre
demande a été retenue.
Nous vous demandons de bien vouloir prendre contact avec
notre service afin de mettre au point votre dossier.

Veuillez croire, Madame, à nos salutations distinguées.
```

Modèle de refus de congé individuel de formation

```
G.M.I.
45 bd Malesherbes
75008 Paris

Service du Personnel                    Christian Desrues
                                        Service Commercial

Objet :                                 Paris, le .....
V/Demande de congé-formation

Monsieur,

Vous avez souhaité bénéficier d'un congé individuel de
formation pour suivre un stage de ..... (type de stage
désiré) du ..... au ..... (durée du stage)
Nous avons le regret de vous informer que votre demande
ne peut être satisfaite pour le moment.
En effet, 2 % de nos effectifs seront déjà en formation
à cette date (art. L. 931-3 du Code du Travail).
Par conséquent, nous vous demandons de bien vouloir
renouveler votre demande ultérieurement.

Veuillez agréer, Monsieur, nos salutations distinguées.
                                Le Directeur du Personnel,
```

CONSEILS GÉNÉRAUX
SERVICES COMMERCIAUX
SERVICES FINANCIERS
SERVICES ADMINISTRATIFS
RELATIONS HUMAINES
DIVERS

Renouvellement/ non renouvellement du CDD

Le contrat à durée déterminée (CDD) est obligatoirement un contrat écrit contenant des indications détaillées obligatoires. Ce type de contrat obéit à des règles précises de renouvellement.

▬▬▬ Objet de la lettre

Spécifier au salarié que son contrat de travail est renouvelé ou non pour une durée précisée ou non.

▬▬▬ Cadre juridique

☐ Une entreprise peut recourir à l'embauche d'un salarié par l'intermédiaire d'un CDD pour l'exécution d'une tâche précise et temporaire et seulement dans les cas prévus par la loi (remplacement d'un salarié absent, accroissement temporaire de l'activité de l'entreprise, emplois à caractère saisonnier,...). Le recours au CDD est interdit pour remplacer un salarié en grève, pour des travaux dangereux ou dans les six mois suivant un licenciement pour motif économique.

☐ Le contrat peut être conclu avec un terme précis. Il peut aussi être conclu pour une durée minimale et ne pas comporter de terme précis.

Attention : si le salarié reste dans l'entreprise après échéance du contrat, celui-ci devient un contrat à durée indéterminée.

☐ Le renouvellement d'un CDD ne peut se faire qu'une seule fois, dans les limites de la durée maximale prévue par la loi. Si le contrat a un terme précis, le salarié doit demander à l'employeur de le fixer sur ses intentions quant à la poursuite de la relation de travail.

☐ Si au contraire, le CDD n'est pas renouvelé, l'employeur peut adresser au salarié la lettre ci-contre, mais cette formalité n'est nullement obligatoire.

▬▬▬ Plan de la lettre de renouvellement

1. Annoncer le renouvellement du contrat
2. Spécifier la durée du nouveau contrat de façon précise
3. Donner le motif du renouvellement
4. Préciser les conditions financières du contrat
5. Demander au salarié de renvoyer le double de ce nouveau contrat

---

Lexique

Terme précis : la date d'échéance est fixée dès la conclusion du contrat.

Terme imprécis : la date d'échéance n'est pas fixée lors de la signature du contrat ; seule une durée minimale figure dans le contrat.

Emploi saisonnier : activité n'ayant lieu d'être qu'à certaines saisons (vendanges, cueillette de fruits…).

EXEMPLES

Modèle de lettre de renouvellement de contrat à durée déterminée

Lettre recommandée avec accusé de réception

M.....

Nous avons l'honneur de vous faire part de notre intention de renouveler le contrat à durée déterminée qui vous lie à notre société jusqu'au .....

Après accord de votre part, ce contrat de travail vous sera renouvelé pour une durée déterminée de ..... mois, du ..... au ..... 200.

Ce renouvellement est nécessité par ..... (*donner le motif exact entrant dans les cas de recours au CDD*).

Nous vous précisons que ce renouvellement se fera aux mêmes conditions que celles prévues dans votre contrat initial, sans période d'essai.

Au terme de ce renouvellement, fixé le ....., il vous sera versé une indemnité de fin de contrat égale à 10 % du montant de la rémunération totale brute que vous aurez perçue pendant votre période de renouvellement.

Si ces conditions vous conviennent, nous vous demandons de bien vouloir nous retourner, avant le ..... (*au plus tard la date de fin du contrat initial*), un exemplaire de cette lettre revêtu de la mention manuscrite « Lu et approuvé », daté et signé.

Veuillez agréer, M....., nos salutations distinguées.

Modèle de lettre de non-renouvellement de contrat à durée déterminée

M.....,

Nous avons signé un contrat à durée déterminée le ..... Ce contrat arrive à expiration le ..... 20..

Le salarié que vous remplacez reprend son poste le ..... Votre contrat se terminera donc à l'échéance prévue, c'est-à-dire le ....., date à laquelle vous quitterez l'entreprise.

Il vous sera remis votre bulletin de salaire, sur lequel figurera votre indemnité de fin de contrat égale à 6 % de la rémunération totale brute perçue pendant la durée de votre contrat. Vous recevrez également un certificat de travail et votre reçu pour solde de tout compte.

Veuillez croire, M....., à l'assurance de nos sentiments distingués.

CONSEILS GÉNÉRAUX
SERVICES COMMERCIAUX
SERVICES FINANCIERS
SERVICES ADMINISTRATIFS
RELATIONS HUMAINES
DIVERS

Rupture anticipée du CDD

Un contrat à durée déterminée (CDD) ne prend normalement fin qu'à l'arrivée de son terme ou lorsque le travail pour lequel il avait été conclu est terminé. Mais il existe des cas de rupture anticipée, assortis de multiples réserves.

▬▬▬ Cadre juridique

☐ En règle générale, un CDD ne peut être rompu avant terme sauf accord des parties, faute grave de l'une d'elles, cas de force majeure ou par voie judiciaire. L'insuffisance professionnelle ne justifie pas la rupture anticipée, sauf si celle-ci met en péril le bon fonctionnement de l'entreprise.

☐ En cas de rupture anticipée injustifiée par l'employeur, le salarié a droit à des dommages-intérêts d'un montant au moins égal aux rémunérations qu'il aurait perçues jusqu'au terme de son contrat, ainsi que l'indemnité de fin de contrat égale à 10 % des rémunérations totales et des dommages-intérêts. En cas de rupture anticipée injustifiée par le salarié, l'employeur peut prétendre à des dommages-intérêts dont le montant est fixé par le juge. La rupture anticipée pour faute grave est soumise à la procédure disciplinaire habituelle. L'employeur doit donc convoquer le salarié à un entretien préalable (voir lettre de convocation à un entretien préalable).

▬▬▬ Modèle de courrier

faisant suite à la rupture anticipée du CDD du fait du salarié.

```
Lettre recommandée avec accusé de réception

M.....

Par votre courrier du ....., vous nous avez informé de votre
décision de rompre unilatéralement le contrat de travail à durée
déterminée qui vous liait à notre société jusqu'au .....
Nous vous rappelons que la réglementation ne permet pas une rupture
anticipée d'un tel contrat sauf accord des deux parties, faute
grave ou cas de force majeure.
Cette situation cause un grave préjudice au bon fonctionnement de
notre entreprise et nous nous réservons le droit de donner suite à
votre attitude afin d'obtenir un juste dédommagement de cette
rupture brutale.
Nous vous prions d'agréer, M....., nos salutations distinguées.
```

Lexique

Rupture anticipée : rupture avant terme d'un contrat de travail.

Faute grave : faute dont la gravité rend impossible la poursuite du contrat de travail. Ex. : perte de dossiers importants, abandon de poste, absences répétées et injustifiées.

Force majeure : événement imprévisible et inévitable. Ex. : décès du salarié. En revanche, le ralentissement de l'activité de l'entreprise ou sa cessation d'activité temporaire ne constitue pas un cas de force majeure autorisant la rupture anticipée du CDD.

EXEMPLE

Modèle d'accord de résiliation amiable
d'un contrat à durée déterminée

Entre les soussignés :

La Société ......, dont le Siège social est situé à ..... immatriculée au Registre du Commerce et des Sociétés de ......, sous le numéro .....

Représentée par M......, (*qualité*), ayant tous pouvoirs à l'effet des présentes.

D'une part,

— Et M......, demeurant à ......

D'autre part,

Il a été convenu et arrêté ce qui suit :

Les parties au présent accord conviennent, d'un commun accord, dans le cadre des dispositions de l'article L. 122-3-8 du Code du Travail, de rompre par anticipation le contrat à durée déterminée conclu entre elles le .... et qui devait arriver à expiration le .....

En conséquence, la date de cessation des relations contractuelles sera le ....

Fait à ...., en double exemplaire,

Dont un pour chaque partie,

L'AN DEUX MILLE ....

le ....

Pour la Société,   Le salarié
M......   M......

CONSEILS GÉNÉRAUX
SERVICES COMMERCIAUX
SERVICES FINANCIERS
SERVICES ADMINISTRATIFS
RELATIONS HUMAINES
DIVERS

Lettre d'avertissement ou de mise à pied

L'avertissement ou la mise à pied font partie du pouvoir disciplinaire que possède l'employeur vis-à-vis d'un salarié à l'intérieur de l'entreprise.

▬▬▬ Objet de la lettre

Notifier par écrit la sanction prise à l'encontre d'un salarié.

▬▬▬ Cadre juridique

☐ Du jour où il a connaissance d'un fait fautif du salarié, l'employeur a deux mois pour engager des poursuites disciplinaires. Aucune sanction ne peut être prise sans que le salarié ne soit informé, par écrit, des faits qui lui sont reprochés.

☐ Lorsque la sanction prononcée est mineure telle que : un avertissement, un blâme ou un rappel à l'ordre, l'employeur doit seulement informer le salarié, par écrit, des griefs retenus contre lui. La lettre est remise soit en main propre contre décharge, soit par lettre recommandée avec accusé de réception. Le principe est : une seule sanction pour une même faute.

▬▬▬ Procédure

☐ Lorsque la sanction a une incidence, immédiate ou non, sur la présence dans l'entreprise, la fonction, la carrière ou la rémunération du salarié, l'employeur est tenu de respecter la procédure suivante :

1. l'employeur doit convoquer le salarié à un entretien préalable par lettre (comme dans le cas de l'entretien préalable à un licenciement). Le salarié pourra se faire assister d'une personne appartenant obligatoirement à l'entreprise.

2. Lors de l'entretien, l'employeur indique le motif de la sanction envisagée et recueille les explications du salarié.

3. La notification de la sanction ne peut intervenir moins d'un jour franc, ni plus d'un mois, après le jour fixé pour l'entretien ; elle doit être motivée et notifiée soit par lettre remise en main propre contre décharge, soit par lettre recommandée.

☐ Les amendes ou autres sanctions pécuniaires sont interdites. Mais une sanction peut avoir des conséquences pécuniaires. Exemple : une rétrogradation disciplinaire entraîne un changement de fonction, cause d'une diminution de rémunération du salarié sanctionné.

Lexique

Blâme : réprimande sévère inscrite au dossier d'un salarié.

Avertissement : observation écrite destinée à appeler l'attention d'un salarié sur un comportement négatif professionnel ou non dans l'entreprise.

Mise à pied : suspension temporaire du contrat de travail, sans rémunération.

Mise à pied conservatoire : suspension du contrat de travail, sans rémunération, dans l'attente du licenciement d'un salarié pour faute grave.

LETTRES D'AVERTISSEMENT, DE CONVOCATION À L'ENTRETIEN PRÉALABLE

Modèle de lettre d'avertissement

Entreprise ......
Adresse ......

À ...., le ....

M ......
Adresse ......

M ......

Le ...., vous avez commis les faits suivants ......
(*énoncé précis des griefs*). Ces faits constituent un manquement à la discipline générale (*ou aux règles d'hygiène et de sécurité*) prévue dans le règlement intérieur (art....).
Nous vous demandons en conséquence de considérer cette lettre comme un avertissement.
Nous espérons que vous vous conformerez à nos observations.
Recevez, M ......, nos salutations distinguées.

Signature

Modèle de lettre de convocation à l'entretien préalable

Monsieur,

En application de l'article L.122-41 du Code du Travail, nous vous prions de vous présenter au bureau de M ......, le .... à .... heures à la Direction des Ressources Humaines en vue d'un entretien préalable à sanction.
En effet, suite à ...... (*indiquer clairement les faits reprochés*), nous envisageons l'application d'une sanction de mise à pied à votre égard.
Nous vous rappelons que vous pouvez vous faire assister par une personne de votre choix appartenant au personnel de l'entreprise.

Veuillez agréer, ...

Le ...., à ....
Signature de l'employeur

CONSEILS GÉNÉRAUX
SERVICES COMMERCIAUX
SERVICES FINANCIERS
SERVICES ADMINISTRATIFS
RELATIONS HUMAINES
DIVERS

Licenciement : entretien préalable

Les licenciements individuels se font pour motif personnel ou motif économique avec des règles juridiques strictes : 1. entretien préalable. 2. notification écrite du licenciement.

Objet de la lettre

Convoquer un salarié à un entretien préalable afin de lui indiquer le ou les motifs de la décision envisagée. Cet entretien équivaut à une tentative de conciliation. Il peut aboutir au licenciement.

Cadre juridique

□ Cette procédure s'applique à tout salarié de n'importe quelle entreprise, quelle que soit sa taille et l'ancienneté du salarié. Elle ne s'adresse qu'au salarié bénéficiant d'un contrat de travail à durée indéterminée et après expiration de sa période d'essai.

□ Au cours de l'entretien préalable, l'employeur (ou son représentant) doit indiquer au salarié le ou les motifs de licenciement. Ce dernier peut se faire assister d'une personne de son choix (très souvent un représentant du personnel) appartenant ou non à l'entreprise (voir modèle p. 131).

□ L'entretien préalable à un licenciement est également obligatoire pour un licenciement économique de un à neuf salariés, et doit être accompagné de la consultation du comité d'entreprise ou à défaut du délégué du personnel ; pour le licenciement à partir de dix salariés, l'entretien individuel n'est pas obligatoire.

□ La lettre de convocation à cet entretien doit être envoyée au domicile du salarié par lettre recommandée avec avis de réception ou remise en main propre en échange d'une décharge écrite du salarié.

Plan de la lettre

1. Annonce du projet de licenciement
2. Rappel de l'article du Code du Travail correspondant à ce cas et convocation à un entretien précisant la date, l'heure et le lieu de la convocation
3. Notification des droits du salarié lors de cet entretien.

Lexique

Période d'essai : période du contrat de travail précédant l'embauche éventuelle. Pendant celle-ci, chacune des parties contractantes est libre de rompre ce contrat sans motif.

Motif du licenciement : ce motif doit être réel et sérieux. Il doit pouvoir être prouvé (vol, violence, absences non justifiées, retards…) et revêtir une certaine gravité (une incompatibilité d'humeur entre un supérieur hiérarchique et son subordonné n'est pas une cause sérieuse et réelle).

Lettre de convocation à un entretien préalable

G.M. DÉCORATION
BP 203 — ZI Les Islettes
93200 Saint-Denis

Lettre recommandée avec A.R.

M.

Objet :   Saint-Denis,
Convocation à un entretien   le ....
préalable

M......,

Nous avons le regret de vous informer que nous envisageons de procéder à votre licenciement.

En application des dispositions de l'article L. 122.14 du Code du Travail, nous vous demandons de bien vouloir vous présenter :

le .... à .... h Bureau .... pour un entretien.

1. (*S'il y a des représentants du personnel dans l'entreprise*) Nous vous précisons que vous avez la possibilité de vous faire assister, lors de cet entretien, par toute personne de votre choix appartenant au personnel de l'entreprise.

2. (*S'il n'y a pas de représentants du personnel dans l'entreprise*) Nous vous précisons que vous avez la possibilité de vous faire assister, lors de cet entretien, par la personne de votre choix appartenant à l'entreprise ou par une personne extérieure à l'entreprise choisie sur la liste de conseillers dressée à cet effet par la préfecture.

Veuillez agréer, M......, l'expression de nos salutations distinguées.

Le Directeur,

CONSEILS GÉNÉRAUX

SERVICES COMMERCIAUX

SERVICES FINANCIERS

SERVICES ADMINISTRATIFS

RELATIONS HUMAINES

DIVERS

Notification du licenciement individuel

Cette lettre fait suite à l'entretien préalable entre l'employeur et le salarié. Elle est obligatoire lors d'un licenciement individuel pour motif personnel ou lors d'un licenciement économique.

� Objet de la lettre

Notifier à un salarié son licenciement. C'est une lettre qui doit respecter des contraintes juridiques strictes, différentes selon le motif de licenciement.

▬ Cadre juridique

☐ Il existe plusieurs grandes catégories de motifs de licenciement :

– l'inaptitude professionnelle : dans ce cas, l'employeur n'est pas tenu de donner le motif du licenciement. Mais si le salarié en fait la demande par écrit, l'employeur est obligé d'y répondre par lettre ;

– la faute légère (retards occasionnels répétés, envois tardifs de certificats médicaux) : le motif du licenciement doit figurer dans la lettre ;

– la faute grave (refus d'obéissance, négligences graves, indélicatesses, injures envers un supérieur hiérarchique) : là aussi, le motif du licenciement doit figurer dans la lettre ;

– la faute lourde (sabotage, appropriation de marchandises, détournement de clientèle) : le motif du licenciement doit figurer dans la lettre.

☐ La lettre doit être envoyée en recommandé avec accusé de réception. Sa date de présentation (et non de réception) fixe le point de départ du délai de préavis. L'employeur doit respecter ce délai de préavis vis-à-vis de l'employé qu'il licencie, sauf dans le cas de faute lourde.

▬ Plan de la lettre

1. Notification du licenciement après rappel de la date de l'entretien préalable
2. Motif du licenciement (si faute)
3. Indication de la date du congé ou fin de préavis

Lexique

Préavis ou délai-congé : c'est la période durant laquelle le salarié fait toujours partie de l'entreprise bien que l'une des deux parties ait décidé de rompre le contrat de travail. La fin du préavis coïncide avec le départ du salarié.

Certificat de travail : attestation de présence donnée à tout salarié quittant l'entreprise. Il doit mentionner le poste occupé, la durée du contrat.

MODÈLES DE LETTRE DE LICENCIEMENT

Lettre recommandée avec A.R.

M......

Objet :   Saint-Denis, le ....
licenciement

M......,

Suite à notre entretien du ...., nous avons le regret de vous confirmer que nous sommes contraints de procéder à votre licenciement pour faute grave à compter du ....

En effet, vous n'avez pas tenu compte de nos nombreux avertissements écrits relatifs à vos absences répétées. Votre comportement perturbe gravement le fonctionnement du service.

Votre préavis débutera à compter du .... et s'achèvera le ...., date à laquelle vous ne ferez plus partie du personnel de notre société.

Vous recevrez un certificat de travail et un reçu pour solde de tout compte lors de votre dernier règlement.

Recevez, M......, nos salutations distinguées.

Lettre recommandée avec A.R.

Lieu,
le ....

M......,

À la suite de l'entretien préalable que nous avons eu le ...., nous avons le regret de vous signifier votre licenciement pour les motifs qui ont été exposés lors de cette entrevue.

Conformément à l'article L. 122-14-1 du Code du Travail, la présentation de cette lettre recommandée fixe le point de départ de votre préavis d'une durée de ....

Comme vous nous l'avez demandé, nous vous dispensons de l'exécution de ce préavis. Nous vous rappelons que cette dispense de préavis n'avance pas pour autant la date de cessation de nos relations contractuelles ; celles-ci ne prendront fin qu'à l'issue du préavis non travaillé.

Vous recevrez un certificat de travail et un reçu pour solde de tout compte à l'issue du préavis.

Nous vous prions d'agréer, M......, nos salutations distinguées.

CONSEILS GÉNÉRAUX

SERVICES COMMERCIAUX

SERVICES FINANCIERS

SERVICES ADMINISTRATIFS

RELATIONS HUMAINES

DIVERS

Certificat de travail

Le certificat de travail est le document obligatoirement remis par l'employeur au salarié à l'expiration de son contrat de travail quelle que soit la cause de la rupture de ce contrat. Ce document établit la preuve d'une activité salariée et est généralement demandée par certains organismes (ANPE, CPAM).

▬▬▬ Présentation du document

Il doit être écrit de façon lisible, le plus généralement saisi en informatique. Il n'est soumis à aucune forme particulière et peut être rédigé sur papier libre ou sur le papier à en-tête de l'entreprise.

▬▬▬ Objet du document

Attester de la présence du salarié dans l'entreprise. Ce document est la preuve de l'activité salariée d'une personne dans une entreprise.

Il est remis obligatoirement au salarié à l'expiration du contrat de travail, quelle que soit la cause de la fin du contrat de travail et quel que soit le type de contrat.

▬▬▬ Cadre juridique

☐ Toute appréciation défavorable au salarié est interdite. Des appréciations favorables y figurent souvent dans les faits.

☐ Le certificat peut contenir la mention « libre de tout engagement ». Cette mention ne signifie pas que le salarié est délié de son obligation de préavis, ni de son obligation de non-concurrence.

☐ Le certificat de travail est quérable et non portable, ce qui veut dire que l'employeur doit le tenir à la disposition du salarié mais qu'il n'a pas l'obligation de le lui faire parvenir.

☐ L'employeur, qui refuse de délivrer un certificat de travail à un salarié ou ne respecte pas les mentions obligatoires, s'expose à des amendes et éventuellement au paiement de dommages-intérêts.

▬▬▬ Mentions obligatoires

☐ Identité de l'employeur et du salarié,

☐ Date d'entrée du salarié dans l'entreprise,

☐ Date de départ du salarié (préavis inclus),

☐ Nature et périodes des emplois successivement occupés dans l'entreprise,

☐ Signature de l'employeur ou du chef du personnel.

MODÈLES DE CERTIFICAT DE TRAVAIL

Certificat de travail

Nom de la société
Adresse

Je, soussigné X......., directeur de la société
....., certifie que M....... a bien été employé
dans mon entreprise en qualité de .... du .... au
....

Il quitte la société libre de tout engagement.

Ce certificat lui est délivré pour faire valoir
ce que de droit.

Fait à Paris, le ....
Le Directeur,

En-tête de la Société

Certificat de travail

Je, soussigné, agissant en qualité de ....
pour la société ....
sise à ....

certifie avoir employé M......................
demeurant à ....
en qualité de ....
du .... au ....

M........ est libre de tout engagement envers la
société à compter de ce jour.

Fait à ...., le ....
Pour servir et valoir ce que de droit,
L'employeur ou son représentant,

CONSEILS GÉNÉRAUX

SERVICES COMMERCIAUX

SERVICES FINANCIERS

SERVICES ADMINISTRATIFS

RELATIONS HUMAINES

DIVERS

Reçu pour solde de tout compte

Ce document écrit, délivré par l'employeur, est destiné à attester qu'à l'expiration du contrat de travail, le salarié a effectivement perçu les sommes qui lui sont dues.

▬▬▬ Objet du document

Certifier à l'employeur et au salarié que les sommes dues au salarié lui ont bien été versées. Ce document doit respecter des formes très précises. Le salarié a ensuite la faculté d'en contester le contenu par une dénonciation (voir modèle de dénonciation ci-dessous).

▬▬▬ Cadre juridique

☐ Le document est délivré par l'employeur au salarié à l'expiration du contrat de travail. Le salarié, par ce reçu signé de sa main, atteste qu'il a bien reçu toutes les sommes que son employeur lui doit. Ce document est établi à la fin du préavis en double exemplaire : un pour l'employeur, un pour le salarié.

☐ Si le salarié signe un tel reçu (ce qu'il n'est pas tenu de faire), il dispose de deux mois pour dénoncer le reçu. Il doit le faire par lettre recommandée et exprimer ses réclamations en les motivant. Ce reçu ne peut être signé que par une personne juridiquement capable (non valable dans le cas d'un mineur ou d'un majeur incapable).

▬▬▬ Mentions nécessaires

Doivent obligatoirement figurer : le montant versé, la mention « reçu pour solde de tout compte » écrite de la main du salarié et suivie de sa signature, la date et la mention en caractères très apparents du délai de forclusion (stipulant que le salarié dispose de deux mois pour contester ce reçu).

▬▬▬ Modèle de dénonciation du reçu pour solde de tout compte

```
Nom du salarié
Adresse                                        M......
                                               Société ......
M......,

Conformément à l'article L. 122-17 du Code du Travail, je dénonce le
reçu pour solde de tout compte que j'ai signé le ....
Je suis en désaccord avec la somme de .... que vous m'avez versée pour
les raisons ci-après :
— Citer les raisons pour lesquelles vous n'êtes pas d'accord : ex. :
indemnités de licenciement mal calculées.
En conséquence, je vous demande de me verser dans les plus brefs délais
la somme de .... correspondant au total des sommes invoquées ci-dessus
que je n'ai pas perçues.
Sous réserve de mes droits passés et à venir, veuillez agréer, M......,
mes salutations distinguées.

                                          Fait à ...., le ....
                                          Signature du salarié,
```

MODÈLES DE REÇU

Nom de la société
Adresse

Reçu pour solde de tout compte

Je soussigné M...... demeurant ......, certifie avoir reçu de la Société ......, la somme de ...., en règlement des salaires, indemnités, congés payés qui m'étaient dus au titre de l'exécution et de la rupture de mon contrat de travail.

Le présent reçu pour solde de tout compte est établi en double exemplaire, dont l'un m'a été remis.
Ce reçu pourra être dénoncé pendant un délai de deux mois à compter de ce jour.

Fait à Paris, le ....

L'intéressé,   Le Directeur,

(Faire précéder la signature
de la mention manuscrite « lu et approuvé »)

Nom de la société
Adresse

Reçu pour solde de tout compte
(peut être dénoncé dans les deux mois
suivant le jour de sa signature
Article L. 122-17 du Code du Travail)

Je, soussigné, M ....
demeurant à ....
reconnais avoir reçu de la Société ....
la somme de.... en paiement des salaires, accessoires de salaires et toutes indemnités, quels qu'en soient la nature et le montant, qui m'étaient dus au titre de l'exécution et de la rupture de mon contrat de travail.

Le présent reçu pour solde de tout compte a été établi en deux exemplaires dont un m'a été remis.

Date et signature   Signature et Cachet
de l'intéressé :   de l'entreprise :

(précédée de la mention manuscrite
« pour solde de tout compte »)

CONSEILS GÉNÉRAUX

SERVICES COMMERCIAUX

SERVICES FINANCIERS

SERVICES ADMINISTRATIFS

RELATIONS HUMAINES

DIVERS

Demande d'augmentation

La négociation d'une promotion, et par là-même d'une augmentation de salaire est une des démarches les plus difficiles que doit effectuer un salarié durant sa vie professionnelle. Si cette demande d'augmentation se fait le plus souvent oralement, elle peut être appuyée par une lettre.

▬▬ Objet de la lettre

Convaincre l'interlocuteur, avec qui l'on s'est déjà entretenu, du bien-fondé de sa demande.

Cette lettre est adressée au Directeur du Personnel ou, dans une petite entreprise, directement à l'employeur.

▬▬ Cadre juridique

Les salaires sont fixés librement, soit par voie de conventions ou accords collectifs de travail, soit par le contrat individuel de travail.

Ils doivent faire l'objet d'une négociation annuelle obligatoire au niveau de l'entreprise ou de l'établissement.

Les recommandations de salaires faites par les syndicats d'employeurs ont force de loi à l'égard des entreprises adhérentes.

Par ailleurs, si l'employeur peut verser des salaires différents en tenant compte des compétences et des capacités de chacun de ses salariés, il ne peut faire aucune discrimination de salaire entre des salariés travaillant sur un même poste et dont il exige un rendement identique.

La lettre de demande d'augmentation pourra donc avoir un caractère juridique.

▬▬ Caractéristiques

La lettre de demande d'augmentation doit être soigneusement rédigée. En effet, pour avoir une chance d'aboutir, le salarié doit faire preuve de diplomatie afin de ne pas froisser la susceptibilité de son supérieur hiérarchique.

Le salarié doit donc rester courtois. Il doit éviter d'utiliser un ton larmoyant ou au contraire un ton agressif.

S'il prend ses sources dans la pratique juridique ou la loi, celles-ci doivent être irréfutables (ex. : références juridiques exactes).

Le demandeur doit éviter d' « utiliser » des collègues moins performants pour se valoriser.

▬▬ Plan de la lettre

1. Rappeler la dénomination du poste, les responsabilités que vous y exercez. Rappeler également depuis combien de temps vous êtes titulaire de ce poste

2. Énumérer les tâches que vous menez à bien en mettant en valeur vos compétences professionnelles

3. Exprimer clairement votre demande d'augmentation (rappeler votre entrevue avec votre supérieur hiérarchique s'il y a lieu)

4. Conclure en espérant obtenir satisfaction

MODÈLE DE DEMANDE D'AUGMENTATION

Christine DESBOIS
Secrétaire
Service commercial

Paris, le ....

Monsieur,

J'occupe le poste de Secrétaire dans le Service Commercial depuis le ..... 200. À la suite du départ de M..... X...., j'ai pris en charge la gestion de tous les représentants de la Région Sud-Ouest.

J'ai la responsabilité des 25 représentants évoluant dans cette région, à savoir :
- la gestion et la mise à jour de leur fichier,
- leur planning,
- leur courrier et leurs communications téléphoniques,
- leurs déplacements et notamment l'organisation de leurs réservations (hôtel, voiture, train, etc.).

Ces responsabilités m'ont permis d'acquérir des compétences et un savoir-faire très utiles à l'équipe des représentants.
Je vous demande donc de bien vouloir m'accorder un réajustement de mon salaire plus en rapport avec les responsabilités qui me sont confiées.

Je vous remercie par avance de votre compréhension et vous prie d'agréer, Monsieur, l'expression de mes respectueuses salutations.

Christine Desbois

| CONSEILS GÉNÉRAUX |
| SERVICES COMMERCIAUX |
| SERVICES FINANCIERS |
| SERVICES ADMINISTRATIFS |
| **RELATIONS HUMAINES** |
| DIVERS |

La démission

Le contrat de travail conclu sans détermination de durée peut cesser à l'initiative du salarié. La démission peut se faire oralement. Toutefois il peut arriver que certaines conventions collectives demandent au salarié de présenter une lettre de démission.

Objet de la lettre

Avertir officiellement l'employeur de son départ de l'entreprise.
Dans une grande entreprise, la lettre doit être adressée au Directeur des Ressources Humaines.
Dans une PME, la lettre est adressée au Directeur.

Cadre juridique

La démission ne répond pas à des règles de forme très précises, sauf dispositions stipulées par certaines conventions collectives. La démission peut donc être orale, mais il vaut mieux rédiger une lettre de démission et l'envoyer par lettre recommandée avec accusé de réception.
Le préavis est fixé par le contrat, la convention collective ou les usages. Il peut varier également selon l'ancienneté et le statut du salarié, mais l'employeur peut dispenser le salarié du préavis.
En cas de non-respect du délai de préavis par le salarié, l'employeur est en droit de réclamer une indemnité et des dommmages et intérêts.
Par contre, le salarié démissionnaire n'est pas tenu de respecter le délai de préavis en cas de faute grave de l'employeur (Non-paiement du salaire, non-respect de la législation). Une femme enceinte peut également rompre à tout moment son contrat de travail sur-le-champ.
En règle générale, l'employeur ne peut pas refuser la démission d'un salarié (seuls les contrats à durée déterminée ne permettent pas de donner sa démission), mais si la démission est jugée abusive, l'employeur peut demander des dommages-intérêts s'il parvient à prouver qu'il n'y a pas de cause sérieuse.
Le salarié démissionnaire ne peut prétendre ni aux indemnités de licenciement, ni à aucun droit de priorité sur les stages de formation mis à la disposition des licenciés économiques.
Le salarié démissionnaire a droit à une absence de 2 heures par jour pour rechercher un emploi. Ces absences peuvent être modulées pendant le préavis.

Plan de la lettre

1. Annonce de la démission, avec ou sans motif, en précisant le poste occupé dans l'entreprise. Le démissionnaire n'est pas tenu de donner les raisons de son départ. Une formule telle que « pour convenances personnelles » peut être utilisée.
2. Rappel de la date de démission effective ainsi que du délai de préavis légal.
3. Demande d'absence afin de rechercher un nouvel emploi.

MODÈLES DE LETTRES DE DÉMISSION

Lettre recommandée avec A.R.

Objet : Démission   Paris, le 31 mars 200.

Monsieur le Directeur,

Employée au service .... de votre entreprise, je vous présente ma démission du poste que j'occupe en qualité de .... depuis le ....

La convention collective de la branche fixant la durée du préavis à un mois, je quitterai donc le service le ....

Je suis actuellement à la recherche d'un emploi et souhaiterais, comme il est convenu dans la convention collective, m'absenter chaque jour pendant deux heures.

Je vous en remercie et vous prie d'agréer, Monsieur le Directeur, l'expression de mes meilleures salutations.

Nom du démissionnaire   Monsieur le Directeur
Adresse   des ressources humaines
                               Adresse

Lettre recommandée avec A.R.

Objet :
Démission   Lieu,
                               le .... 200.

Monsieur le Directeur,

Je suis au regret de vous faire part de ma démission de mon poste de .... pour motifs personnels.

La durée théorique de mon préavis est de .... mois. Mes obligations nécessitant mon départ le ...., je vous demande de bien vouloir me donner la possibilité de quitter mon poste le ....

Je m'engage à cumuler en .... (*donner le nombre de semaines*) les deux heures quotidiennes prévues par la loi pour la recherche d'un emploi. Je quitterai donc mes fonctions le ....

Je compte sur votre compréhension et vous prie de croire, Monsieur le Directeur, à mes salutations distinguées.

CONSEILS GÉNÉRAUX

SERVICES COMMERCIAUX

SERVICES FINANCIERS

SERVICES ADMINISTRATIFS

RELATIONS HUMAINES

DIVERS

La télécopie ou fax

La télécopie ou FAX est un moyen de communication qui permet de transmettre, à travers le réseau téléphonique commuté, un document manuscrit, dactylographié ou un schéma.

■■■■■ Objet de la télécopie

La télécopie permet la transmission à distance et instantanée de tous documents écrits (graphiques, plans, pages manuscrites ou dactylographiées) à partir de terminaux (télécopieurs) en utilisant le réseau téléphonique.

La transmission d'un même document peut se faire successivement à plusieurs destinataires et peut être différée (l'émetteur programme sur le télécopieur l'heure de la transmission du document). Il suffit qu'émetteur et destinataire soient reliés entre eux par une simple ligne téléphonique.

Grâce au télécopieur, les bons de commande ne resteront plus en attente, les documents seront corrigés et renvoyés immédiatement, les notes internes transmises en toute sécurité du siège social aux établissements et aux filiales, les ordres trouveront ainsi une exécution plus rapide.

■■■■■ Utilisation du télécopieur

La manipulation du télécopieur est analogue à celle d'un photocopieur. Après avoir introduit le document à télécopier, il suffit de composer le numéro de fax du correspondant et d'appuyer sur le bouton émission. Le document est imprimé instantanément par le télécopieur du destinataire.

Si l'entreprise destinataire ne possède pas de télécopieur, les bureaux de poste équipés d'un télécopieur assurent la distribution des plis posteclair. Dès réception, le pli est mis sous enveloppe spéciale, dans le respect absolu de la correspondance, et est livré au destinataire.

■■■■■ Cadre juridique

La télécopie n'est pas considérée comme un moyen de preuve certaine car la réception du document se fait sous la forme d'une photocopie et non d'un original.

■■■■■ Conseils de rédaction

Il ne s'agit pas ici de s'intéresser à la rédaction du document à proprement parlé, mais du document qui doit obligatoirement l'accompagner. En effet, il est vivement conseillé d'envoyer une page de garde contenant les renseignements suivants :
– identification de la société émettrice (raison sociale, service, n° de FAX)
– identification du destinataire (raison sociale, service, n° de FAX)
– nom de l'émetteur
– nombre de pages émises y compris la page de garde

PAGE DE GARDE D'UN ENVOI EN TÉLÉCOPIE

À : ....

Date : .... Heure ....

ÉMETTEUR : ....

DESTINATAIRE : ....

....

....

....

....

....

....

Service : ....

Service : ....

N° de télécopie : ....

de la part de ....

À l'attention de : ....

Objet : ....

....

....

....

....

....

....

....

....

....

Nombre de pages (y compris celle-ci) :

....

Notre numéro de télécopieur est le :

....

Si la transmission ne s'est pas faite
correctement, veuillez nous appeler

au : ....

CONSEILS GÉNÉRAUX
SERVICES COMMERCIAUX
SERVICES FINANCIERS
SERVICES ADMINISTRATIFS
RELATIONS HUMAINES
DIVERS

Le courrier électronique

Le courrier électronique encore appelé e-mail, mail ou mél, voire courriel, permet d'échanger des messages avec des correspondants par l'intermédiaire d'Internet. Il suffit en général de quelques minutes pour que le message électronique parvienne à son destinataire, à n'importe quel point de la planète.

▬▬▬▬ Objet du courrier électronique

Le courrier électronique est de plus en plus utilisé par les entreprises pour les avantages présentés par ses diverses fonctionnalités : échanger des courriers, attacher aux messages des fichiers textes et des illustrations, envoyer des messages à une liste de personnes prédéfinies, adresser des informations écrites qui peuvent être recopiées dans un document en mode texte et consulter le courrier de n'importe où dans le monde.

▬▬▬▬ Principes du courrier électronique

☐ Pour envoyer ou recevoir un courrier électronique, il faut posséder un logiciel de messagerie électronique, être abonné à un fournisseur d'accès à Internet qui attribue une adresse électronique. Cette adresse se compose d'un nom, du @ (signe arobas qui se prononce « at »), du nom du fournisseur d'accès suivi d'une extension précédée d'un point. L'extension a pour but d'identifier le pays ou le type d'organisation du serveur (exemple : .fr = France, .be = Belgique, .ca = Canada, etc.). Un message ne peut être envoyé qu'en provenance d'une boîte aux lettres électronique vers une autre boîte aux lettres électronique.

☐ Les principaux logiciels de messagerie électronique utilisés sont : Outlook express, Microsoft outlook, Pégasus mail, Netscape mail.

▬▬▬▬ Cadre juridique

L'écrit sous forme électronique est désormais admis comme preuve au même titre que l'écrit sur support papier, sous réserve que la personne dont il émane soit identifiée et que son intégrité puisse être garantie. Un document électronique aura donc la même valeur qu'un acte sous seings privés traditionnel. La signature électronique doit résulter de l'usage d'un procédé fiable d'identification garantissant son lien avec l'acte auquel elle s'attache.

▬▬▬▬ Conseils de rédaction

Le message électronique se réduit à l'essentiel et est souvent rédigé dans un style télégraphique. Il faut cependant veiller à ce que le message reste clair et compréhensible pour le destinataire.

ENVOI DE MESSAGES PAR INTERNET

Sur le MAIL, le fournisseur d'accès nous attribue une adresse électronique. Toutes les adresses possèdent la structure suivante :

jeandupont@wanadoo.fr

nom du destinataire   fournisseur d'accès   France

Adresse e-mail
du destinataire   Autres destinataires éventuels   Objet du message

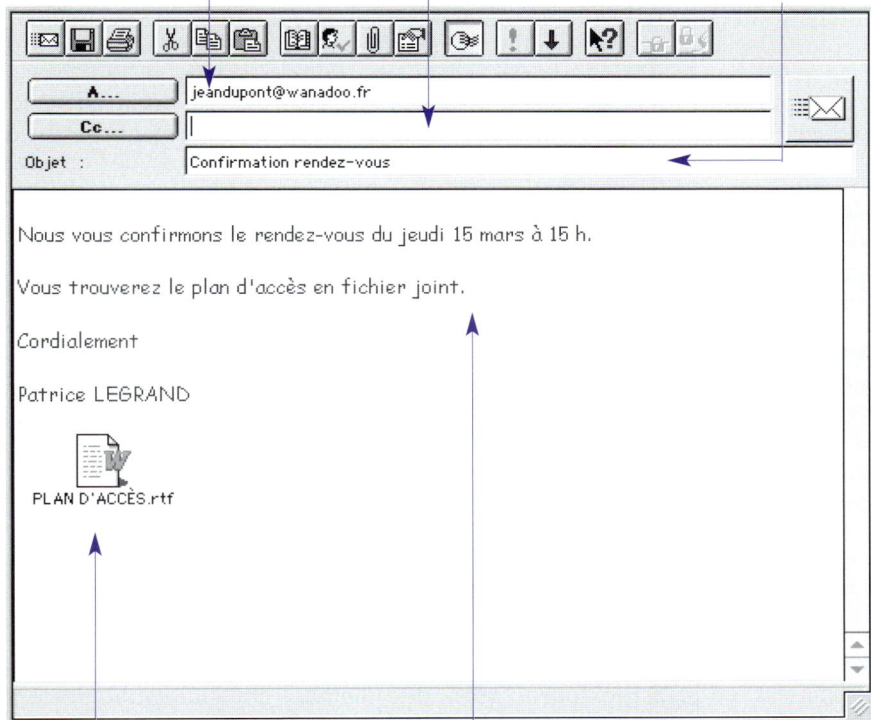

A...	jeandupont@wanadoo.fr
Cc...	
Objet :	Confirmation rendez-vous

Nous vous confirmons le rendez-vous du jeudi 15 mars à 15 h.

Vous trouverez le plan d'accès en fichier joint.

Cordialement

Patrice LEGRAND

PLAN D'ACCÈS.rtf

Nom du document joint   Espace de saisie du message

Pour envoyer le message,
cliquer sur l'icône
« envoyer ».

Pour joindre un fichier,
cliquer sur l'icône
« joindre ».

CONSEILS GÉNÉRAUX

SERVICES COMMERCIAUX

SERVICES FINANCIERS

SERVICES ADMINISTRATIFS

RELATIONS HUMAINES

DIVERS

Le compte rendu

Le compte rendu est un document de communication interne à l'entreprise par lequel on rend compte d'un événement, d'une réunion, d'un entretien auquel on a assisté ou participé. Certains comptes rendus portent le nom de « procès-verbal » dans quelques cas prévus par la législation.

Objet du compte rendu

☐ L'objectif du compte rendu est de donner une image fidèle de l'événement. Le rédacteur joue le rôle d'un témoin, il raconte, décrit et résume sans juger, ou prendre parti, il doit cependant tenir compte des préoccupations du destinataire.

☐ Les sujets traités sont très divers : cela peut être la visite d'un salon, un accident, un voyage, une réunion, une conférence, une mission, une conversation, un entretien de recrutement, etc. S'il est essentiel de rendre compte de ce que l'on a fait ou de ce que l'on a vu le plus fidèlement possible, il est nécessaire de distinguer l'essentiel de l'accessoire pour éviter de perdre le lecteur dans des détails insignifiants.

☐ Il ne faut pas oublier que le compte rendu est presque toujours un instrument de travail pour le destinataire et l'on doit essayer de lui faciliter la tâche au maximum.

Présentation

La présentation du compte rendu n'est pas normalisée mais certaines informations doivent obligatoirement y figurer :

– titre du document contenant la date et l'objet de l'évènement

– heure d'ouverture de la séance avec rappel de l'ordre du jour

– nom et qualités des peronnes dont l'absence est constatée

– résumé chronologique des prises de parole (indiquer si possible les noms des intervenants) et décisions prises

– heure de clôture de la séance

– date de rédaction et nom du rédacteur

Rédaction

☐ Le plan est, en principe, fourni par le déroulement chronologique des événements. Il est toujours composé d'une introduction, d'un développement et d'une conclusion.

☐ L'exposé de ce qui a été vu doit être objectif : l'émetteur rend compte sans porter d'appréciation, il ne formule pas de propositions d'action ; dans la conclusion, il peut souligner ce qui l'a le plus frappé. Dans tous les cas, une de ses principales qualités est son objectivité : le rédacteur n'a pas à faire connaître son avis personnel.

☐ Bien qu'établi après les faits, le compte rendu est toujours rédigé au présent.

EXEMPLE DE COMPTE RENDU

COMPTE RENDU DE LA RÉUNION DU CONSEIL SYNDICAL
DU 15 NOVEMBRE 200.

Étaient présents	Étaient absents
Mme A…	M C…
M B…	M F…
M D…	
M E…	Étaient excusés
Mme G…	Mme H…

Le quorum étant atteint la séance s'est ouverte à 18 h 30.

Objet de la réunion :
Préparation de l'Assemblée générale des Copropriétaires.

1. ENTRETIEN DES ESPACES VERTS

Le contrat d'entretien, plus les plantations représentent de 7 à 8,5 % du budget général.

....

....

....

....

....

En conclusion, le conseil syndical rappelle qu'il se fera un plaisir de répondre aux questions et aux précisions que les copropriétaires pourraient lui demander sur tous les problèmes posés au sein de la copropriété.

L'ordre du jour étant épuisé, la séance est levée à 20 h 45.

Le 17 novembre 200.
La secrétaire de séance
Mme G…

CONSEILS GÉNÉRAUX

SERVICES COMMERCIAUX

SERVICES FINANCIERS

SERVICES ADMINISTRATIFS

RELATIONS HUMAINES

DIVERS

La note de synthèse

La note de synthèse est un document écrit interne à l'entreprise qui est rédigé à partir de documents de sources diverses. La note de synthèse a pour objet de faire le point sur un sujet déterminé sous une forme structurée qui en facilite la lecture.

Objet de la note de synthèse

☐ La note de synthèse a pour but d'aider un cadre de l'entreprise à faire le point sur un sujet précis, en lui évitant de rechercher et de consulter lui-même une masse de documents.

Cette note est généralement rédigée par un collaborateur du cadre, adjoint ou secrétaire, à la demande de ce dernier.

☐ Après avoir consulté toute la documentation correspondant au sujet de la synthèse demandée, il ne faut retenir que les seules informations qui se rapportent à la demande. Il est possible de faire des renvois à des passages précis des documents consultés et d'insérer dans le texte (ou fourniture en annexe) des tableaux, graphiques et autres statistiques, utiles à la bonne compréhension du sujet.

☐ L'objectif est de rester fidèle et neutre par rapport aux sources consultées, il ne faut en aucun cas ajouter des interprétations ou commentaires personnels.

Présentation

La présentation doit être claire et structurée, des sous-titres peuvent introduire les différentes parties du plan. La note commence par une page d'introduction comportant :

– l'indication de l'émetteur et du destinataire

– le titre « Note de synthèse » et l'objet de l'étude

– la liste et les références des documents consultés (origine, date, titre, auteur)

– la date de l'étude

– le texte lui-même est présenté de manière à laisser la possibilité au destinataire de porter des annotations.

Conseils de rédaction

☐ L'exposé de la note doit être précis et bref, constitué de phrases simples et courtes, allant à l'essentiel. Le but est d'informer le lecteur le plus complètement possible, et de manière à ce qu'il passe un minimum de temps à la lecture.

☐ La note de synthèse ne comprend pas d'introduction compliquée, elle va droit au sujet.

Construction de la note

La démarche à suivre est la suivante :

– réunion de la documentation se rapportant au sujet

– sélection des informations pertinentes

– regroupement de ces informations

– reformulation des informations après avoir établi un plan structuré.

EXEMPLE DE NOTE DE SYNTHÈSE

Émetteur ◄
Date de l'étude ◄
Destinataire ◄
Titre tenant lieu d'objet ◄
Documents consultés ◄
Introduction directe ◄
Texte reformulé pour obtenir une rédaction homogène et structurée (ici, deux sous-titres) ◄

S.A.R.L. DORNIER

Cl.VYNCKE   Le 15 juin 200.

                                   Monsieur ROUSSEL
                                   Directeur Administratif

NOTE DE SYNTHÈSE

SUR LES SANCTIONS PRÉVUES PAR LA LOI EN MATIERE DE PIRATAGE INFORMATIQUE

Sources : Loi n° 85-660 du 3 juillet 1985
"Le droit de l'informatique" par A. LUCAS - P.U.F.

La loi n° 85-660 du 3 juillet 1985 relative aux droits d'auteurs et à la protection de ces droits précise les conditions dans lesquelles peuvent être copiés les logiciels et les sanctions prévues en cas de reproduction illicite.

I - LIMITE DE REPRODUCTION

Est autorisé l'établissement d'une copie de sauvegarde (une seule) par logiciel acheté. Toute reproduction supplémentaire est interdite. Le "piratage" informatique est une forme de contrefaçon et constitue un délit.

II - SANCTIONS PRÉVUES EN CAS DE REPRODUCTION ILLICITE

Sur demande de l'auteur ou de son représentant, les commissaires de police doivent procéder à la saisie d'une copie du logiciel piraté. Le Tribunal de Grande Instance peut, de son côté, ordonner la saisie de la contrefaçon.

Les règles de protection des droits d'auteurs s'appliquent au piratage informatique. Celui-ci est donc passible :

• **Pour une première infraction :**

- D'une amende de 1 000 à 2 000 € et/ou
- D'une peine de prison allant de 3 mois à 2 ans.

En outre, le Tribunal peut prononcer la confiscation des recettes engendrées par cette infraction ainsi que du matériel installé spécialement pour réaliser les copies frauduleuses.

• **En cas de récidive,** les peines ci-dessus peuvent être doublées et le Tribunal peut décider la fermeture de l'établissement.

                                   Cl. VYNCKE

Source : *Communiquer efficacement*, collection Interfaces, Bac Pro 1ères Forcher 1993.

Pas de conclusion. Pas de formule de politesse

CONSEILS GÉNÉRAUX

SERVICES COMMERCIAUX

SERVICES FINANCIERS

SERVICES ADMINISTRATIFS

RELATIONS HUMAINES

DIVERS

La note de service

La note de service est un mode de diffusion de messages interne à l'entreprise. Cette note circule verticalement, de façon descendante (d'un échelon hiérarchique supérieur vers des échelons hiérarchiques inférieurs) ou horizontalement (émetteur et destinataires sont au même niveau hiérarchique). On distingue d'une part la note d'instructions et d'autre part la note d'information.

▬▬▬ Objet de la note de service

☐ La note d'instructions : elle communique des ordres ou des consignes. De caractère impératif, elle s'adresse généralement à plusieurs destinataires. Elle doit être connue de tous les intéressés, lue sans interprétation possible et suivie dans le délai prévue. On utilise ce type de note lorsque la communication doit être faite « en nombre » mais également pour renforcer la communication orale car elle apporte la preuve de l'information à transmettre. Elle circule dans un sens descendant et est remise directement à son ou ses destinataires.

☐ La note d'information : elle communique des décisions, des évènements, des informations concernant l'organisation de l'entreprise. Elle circule dans le sens descendant mais également horizontalement. Elle est diffusée soit directement aux intéressés, soit par voie d'affichage.

▬▬▬ Présentation

Il n'existe aucune norme de présentation mais certaines mentions doivent obligatoirement figurer :

– Service émetteur (en-tête de l'entreprise simplifiée)

– Date

– Titre du document : mot « Note » et n° pour la note d'instructions ; pour la note d'information « Note » ou « Note d'information » (n° facultatif)

– Noms et qualités des destinataires avec le cas échéant, les mentions « pour action » ou « pour information »

– Objet

– Titre, nom et signature de l'émetteur

▬▬▬ Conseils de rédaction

Le style de la note de service doit être neutre et clair et la rédaction courte.

Dans la note d'instruction, le ton est impératif mas jamais autoritaire ; le pronom personnel « je » peut être utilisé, le signataire s'exprime en son nom personnel.

Dans la note d'information, la rédaction se fait sur le mode impersonnel qui se caractérise par l'emploi du pronom « il » à la place de « je » ou « nous » (ex : il est indispensable de) et indirect avec le recours à la forme passive (ex : il a été porté à notre connaissance).

Il ne faut traiter qu'un seul sujet par note.

Ne pas mettre de titre de civilité ni de formule de politesse.

EXEMPLES DE NOTES

Note d'information

Établissements **Roudor**
Service du personnel

le 25 novembre 200.

<u>Au</u> personnel du Service Administratif

NOTE D'INFORMATION

<u>Objet</u> : Horaires de travail

Conformément aux souhaits exprimés par la majorité des employés au cours de l'enquête du mois de septembre, l'horaire de travail du personnel du service administratif, **à compter du 1er décembre**, sera le suivant :

du lundi au venredi inclus 9 h — 12 h   13 h 30 — 17 h 30

Le Chef du Personnel

H. Dupont

Note d'instructions

Établissements **Roudor**
Service du personnel

le 3 janvier 200.

<u>Pour action</u>
à M. MARTIN
Chef du service
administratif

NOTE N° 35

<u>Objet</u> : Application des horaires

Par la note de service n° 28 du 25 novembre 200., je vous ai fait part des nouveaux horaires de travail à appliquer à partir du 1er décembre.

J'attire votre attention sur le fait que ces horaires ne sont pas respectés par un grand nombre d'employés du service administratif.

En conséquence, je vous prie instamment de bien vouloir faire respecter ces horaires par vos employés. Je compte sur votre vigilance.

Le Chef du Personnel

H. Dupont

CONSEILS GÉNÉRAUX

SERVICES COMMERCIAUX

SERVICES FINANCIERS

SERVICES ADMINISTRATIFS

RELATIONS HUMAINES

DIVERS

Félicitations

Les félicitations contrairement aux vœux, s'envoient généralement sur une carte de visite. Si les relations entre les correspondants sont étroites, on choisit d'adresser des félicitations sur
une lettre avec un texte plus développé que sur la simple carte
de visite.

▰▰▰▰ Objet de la lettre

Le chef d'entreprise est amené à adresser des félicitations dans de multiples circonstances : réussite professionnelle, obtention d'un diplôme ou d'une décoration,
élection… L'objectif de ces félicitations étant de montrer l'intérêt qu'il porte à ses
relations.

Le support de ces félicitations peut être un télégramme, un message téléphoné, un
texte sur une carte de visite, une carte postale personnalisée ou une lettre sur
papier libre.

Lorsque l'on ne connaît pas personnellement le destinataire ou si l'on peut
craindre qu'il ait du mal à se souvenir de qui l'on est, il est préférable de préciser
son nom et adresse personnelle. Cette pratique permettra au correspondant
d'adresser un petit mot de remerciements.

Lorsque le message est accompagné d'un cadeau, résultat d'une collecte entre collaborateurs, il faut signer la carte d'accompagnement de la mention « de la part du
service de … » ou « avec les félicitations de l'atelier de … ». La liste des donateurs
ou participants jointe ne peut que créer des malaises, ou alors il est nécessaire que
tous signent, participants ou non.

▰▰▰▰ Plan

1. Rappeler l'objet des félicitations
2. Exprimer le plaisir procuré par la nouvelle
3. Adresser des félicitations

▰▰▰▰ Outils de rédaction

Pour les lettres de félicitations, le mieux est, généralement d'être simple et bref. Le
ton doit être adapté à la situation et aux rapports entretenus avec le correspondant.

▰▰▰▰ Expressions à utiliser

Il faut utiliser des formules d'appel et de politesse correspondant aux relations
entretenues avec le destinataire. Exemple :

à un supérieur hiérarchique	Monsieur ou Madame suivi de son titre	Acceptez avec mes compliments, l'expression de mes sentiments les plus dévoués
à un subordonné	Cher ami ou Cher collaborateur	Recevez mes plus vives félicitations
à une relation professionnelle	Cher Monsieur ou Madame, Cher collègue	Recevez, Cher Monsieur, mes félicitations les plus chaleureuses

QUELQUES EXEMPLES

À l'occasion d'une promotion

Monsieur Dupont,

C'est avec un grand plaisir que j'ai appris votre nomination au poste de directeur de la création. Votre promotion n'est que la juste récompense de vos mérites professionnels.

Permettez-moi de vous exprimer, avec mes plus vives félicitations, l'expression de mes sentiments très dévoués.

À l'occasion d'une naissance

Chère Madame,

La naissance de (*prénom de l'enfant*) nous a causé un très grand plaisir. Nous sommes persuadés que c'est le plus beau bébé du monde : toutes nos félicitations aux heureux parents.
Entouré de l'affection de ses parents, il ne peut que grandir en sagesse et en force, c'est en tous cas notre voeu le plus cher.
Nous vous prions, Chère Madame, de recevoir avec nos courtoises salutations, l'expression de nos sincères félicitations que nous vous demandons de transmettre à votre époux.

À l'occasion d'une décoration

Monsieur,

Je me permets de vous adresser mes respectueuses félicitations pour votre promotion au grade d'officier de la Légion d'honneur.

Nombreux vont être ceux qui se réjouiront de cette distinction méritée.

Veuillez agréer, Monsieur, l'assurance de mon estime et de mes meilleurs sentiments.

CONSEILS GÉNÉRAUX
SERVICES COMMERCIAUX
SERVICES FINANCIERS
SERVICES ADMINISTRATIFS
RELATIONS HUMAINES
DIVERS

Invitation à une journée portes ouvertes

L'organisation de journées « portes ouvertes » est un des moyens utilisés par l'entreprise pour se faire connaître et vendre ses produits.

▬▬▬ Objet de la lettre

En organisant des journées « portes ouvertes », l'entreprise s'est fixé plusieurs objectifs :

– faire parler de l'entreprise par l'intermédiaire de dossiers de presse distribués ce jour-là aux journalistes locaux et régionaux

– rencontrer clients et fournisseurs dans un contexte différent, c'est-à-dire en dehors de toute négociation

– remotiver son personnel en le faisant participer directement à l'organisation et au déroulement de ces journées.

C'est une opération de relations publiques, un outil efficace pour faire connaître le savoir-faire de l'entreprise, ses produits, son image, à des cibles précises et en utilisant des moyens personnalisés adaptés.

La lettre d'invitation aux journées portes ouvertes va être envoyée « en nombre » en utilisant la technique du publipostage ou mailing : une seule lettre va être rédigée et devra donc correspondre à tous ses destinataires que sont tous les partenaires de l'entreprise, clients, fournisseurs, élus locaux, partenaires financiers. Dans cette optique il va falloir rédiger une lettre type capable de retenir l'attention de n'importe lequel de ses lecteurs.

Afin de prévoir le côté matériel de cette journée, on joindra à la lettre un coupon-réponse que le destinataire complétera et retournera à l'entreprise avant la date précisée sur celui-ci.

Cette invitation doit être faite environ un mois avant la date de la manifestation de façon à laisser le temps à l'invité de prendre ses dispositions pour se libérer et de répondre à l'invitation.

▬▬▬ Plan

1. Annoncer la raison de l'organisation de la journée « portes ouvertes »
2. Préciser la date, l'heure, le lieu et éventuellement les personnalités invitées
3. Préciser le programme
4. Annoncer le coupon réponse à retourner
5. Espérer la présence du destinataire de la lettre

Lexique

Management : technique de direction ou de gestion de l'entreprise.

Publipostage : opération qui consiste à expédier la même lettre à un nombre important de correspondants. Cette opération est aussi appelée mailing.

EXEMPLE

.... (*titre de civilité*),

Pour fêter la mise sur le marché de notre nouvelle gamme de produits, notre entreprise organise une journée « portes ouvertes ».

Elle aura lieu le .... (*date*) à .... (*heure*) en présence de Monsieur le maire de ...., Monsieur ...., Président du Conseil régional.

À cette occasion, nous ferons visiter nos nouvelles installations qui sont les témoins de la place que nous tenons à la pointe de la technologie. Un cocktail sera servi à l'issue de cette visite.

Nous comptons sur votre présence amicale et vous prions, ... (*titre de civilité*), d'agréer nos très courtoises salutations.

COUPON-RÉPONSE
(à retourner avant le ......)

M. ....
de la Société ....

— se rendra à la journée « portes ouvertes » du .... (*date*) et (*heure*) (1)
— ne pourra se rendre à la journée « portes ouvertes » (1)
— participera au cocktail organisé à cette occasion (1)

Date :   Signature

(1) rayer la mention inutile

CONSEILS GÉNÉRAUX
SERVICES COMMERCIAUX
SERVICES FINANCIERS
SERVICES ADMINISTRATIFS
RELATIONS HUMAINES
DIVERS

Vœux de fin d'année

> Le passage d'une année à l'autre est l'occasion qui vous est don-
> née de rappeler votre entreprise au bon souvenir de tous vos
> partenaires commerciaux et l'occasion de manifester aux clients
> une attention personnelle en dehors de relations purement com-
> merciales.

▬▬ Objet de la lettre

Les vœux de fin d'année vont vous permettre de reprendre contact avec des personnes que vous n'avez peut-être pas eu l'occasion de voir depuis longtemps.
Ils peuvent également être l'occasion de marquer individuellement une attention
particulière, la reconnaissance d'un effort ou d'une surcharge de travail vis-à-vis
d'un collaborateur, d'un responsable de vente, d'un de vos fournisseurs par
exemple.
☐ L'envoi et la réponse des vœux de fin d'année obéissent à des règles précises. En
effet, il est indispensable de prendre en compte le niveau hiérarchique de la personne à qui l'on adresse ses vœux, son âge, les relations que l'on entretient avec lui.
☐ Quant à la présentation de ces vœux, plusieurs possibilités s'offrent à vous :
– soit la carte illustrée, imprimée qui sera expédiée comme une carte de visite.
L'illustration doit avoir un rapport avec l'entreprise : activité, produit ou outil
typique, logo ou encore localisation de la firme. Ces cartes sont envoyées en
nombre et de ce fait les frais de poste sont réduits par le routage postal au tarif pré-
férentiel ;
– soit la lettre individuelle : chaque responsable de l'entreprise envoie ses vœux, à
titre individuel, à des relations professionnelles privilégiées. Si dans ce cas on utilise une carte de visite, on emploiera la forme impersonnelle et l'on ne signera pas
la carte.

▬▬ Cadre juridique

La nouvelle année permet de s'attacher la fidélité des clients importants et la
confiance des fournisseurs par l'intermédiaire des cadeaux d'entreprise. Cette pratique apporte de surcroît des avantages fiscaux à l'entreprise. En effet, ces cadeaux
sont à répertorier dans la catégorie des frais généraux et représentent, par là-
même, des dépenses déductibles du résultat imposable.
Sur le plan fiscal, les cadeaux d'entreprise peuvent être de toute nature à l'excep-
tion des objets de faible valeur conçus spécialement pour la publicité (objets sur
lesquels est mentionné « de façon apparente et indélébile » le nom ou la raison
sociale de l'entreprise distributrice).

▬▬ Conseils de rédaction

Quelques points de protocole : Il est erroné de croire que les vœux peuvent se présenter jusqu'au 31 janvier. Cette erreur est encore plus grande dans les pays de
l'Europe du Nord et anglo-saxons pour lesquels on doit présenter ses vœux au plus
tard entre Noël et le Jour de l'an, et de préférence entre la Saint-Nicolas et Noël.

QUELQUES MODÈLES

Modèle de carte accompagnant les cadeaux

Veuillez accepter ce modeste présent en remerciement de votre fidélité (*pour un client*) ou en témoignage de l'intérêt que nous portons à votre collaboration professionnelle (*pour un fournisseur*). Nous vous renouvelons tous nos vœux pour 200., et vous prions de recevoir, M......., nos sincères salutations.

Vœux adressés à une entreprise cliente

Cher M......,

C'est avec un réel plaisir que je me permets de vous adresser, ainsi qu'à vos collaborateurs, mes meilleurs vœux.

Nous souhaitons que cette nouvelle année voie le développement de votre entreprise, le succès de vos actions ainsi que la réalisation de vos projets.

Nous espérons toujours vous accompagner dans les mois à venir, et vous prions de croire, Cher M......, en nos sentiments les meilleurs.

Vœux adressés à un fournisseur

M......,

À l'aube de cette nouvelle année, nous vous présentons nos vœux de réussite. Nous avons pu apprécier en 200. la qualité de vos prestations.

Aussi, souhaitons-nous vivement que nos relations à venir restent basées sur une confiance mutuelle et un souci d'efficacité professionnelle qui ont fait leurs preuves par le passé.

Veuillez agréer, M......, nos salutations distinguées.

Vœux adressés à un supérieur hiérarchique

Monsieur X. prie Monsieur Y. d'agréer ses vœux les meilleurs pour la nouvelle année et l'assure de son profond respect.

INDEX / LEXIQUE

entraîne le départ immédiat du salarié et ne lui donne droit à aucune indemnité (préavis, congé, licenciement). Sont considérées comme fautes lourdes : actes de sabotage, détournement de marchandises, de clientèle : 132

Force majeure : 126

Forclusion (délai de) : perte d'un droit non exercé dans les délais prescrits (voir le reçu pour solde de tout compte)

Formule d'appel : 17

Formule de politesse : 17

Franco de port : 36

Handicapé : personne présentant une déficience des capacités physiques ou mentales

Hiérarchie fonctionnelle : 4,5

Hiérarchie linéaire : 5

Immatriculation de société : 78

Impact : effet d'une action

Imprimé fiscal : 70, 71

Inaptitude professionnelle : 132

Indemnité de licenciement : prévue par la loi, elle doit être versée à tout salarié licencié s'il a 2 ans d'ancienneté, un contrat à durée indéterminée (CDI) et n'a pas commis de faute lourde

Lettre de change (paiement) : 48

Lettre normalisée (AFNOR) : 13

Lettre type : 44

Licenciement économique : licenciement justifié par des raisons financières ou économiques de la part de l'entreprise. Le motif peut être conjoncturel (baisse des commandes) ou structurel (modernisation de l'appareil productif de l'entreprise)

Livraison : remise de la marchandise au client

Livrer : action de remettre à l'acheteur

Mailing : traduction anglaise de publipostage

Mailing publicitaire : 25

Marchandises défectueuses : 37

Mise à pied : 128

Mise en demeure : sommation impérative, dernière étape de la procédure amiable : 60

Mise en possession : remise de la chose

Mise en recouvrement : 60

Motifs de licenciement : 130

Mutuelle : société mutualiste = association d'entraide qui ne vit que des cotisations de ses adhérents

Note d'information : 151

Note d'instruction : 151

Organisation syndicale : 116

Ouverture de compte : accord de crédit entre le client et le fournisseur sous la forme de conditions de paiement à 30, 45 ou 60 jours par l'intermédiaire d'une traite

Paiement comptant : le client paye dès réception de la facture

Partenaires sociaux : représentants du patronat et des syndicats d'une branche professionnelle vis-à-vis de la direction et du personnel d'une entreprise

Parts sociales : le capital social d'une S.A.R.L. est constitué de parts sociales qui sont remises aux associés en contrepartie de leurs apports. Ces parts sont librement cessibles entre associés et parents mais il faut le consentement des associés pour les céder à des tiers

Payable à réception : 44

Période d'essai : 130

Plan de formation : 120

Police d'assurance : 96

Port dû : 36

Port payé : 36

Préavis : 96, 132, 140

Procédure amiable : 58

Procédure judiciaire : 58

Promesse d'embauche : 110, 111

Prorogation d'échéance : 52

Prospect : 24

Protêt : 54

Publipostage : 24

Rabais : réduction exceptionnelle accordée en cas de retard dans la livraison ou de défaut dans la marchandise

Rappel de paiement : 56, 57, 58, 59

Réclamation : 62, 69

Recommandé : 10, 11

Redressement : 80

Relevé de factures : document établi par le fournisseur à la fin d'une période donnée (mois ou trimestre) qui récapitule l'ensemble des factures envoyées durant cette période

Remise : réduction de prix pour une commande importante à l'occasion d'opérations promotionnelles ou pour un bon client

Remise de majoration : 80, 81, 85

Résiliation : 96

Responsabilité : obligation de réparer en cas de défaut

Ressort : 64

Retard de livraison : 41

Ristourne : réduction supplémentaire accordée en fin de trimestre ou d'année, calculée sur le chiffre d'affaires hors taxe réalisé par le client pendant cette période, pour le remercier de sa fidélité

Rupture anticipée : 126

Rupture de stock : 33

S.A. : une société anonyme est une société dont le capital, d'un minimum de 38 112,23 €, est divisé en actions et qui est constituée par un nombre minimum de 7 associés qui ne supportent les pertes qu'à concurrence de leurs apports

Saisie : 64

Sanction : 128

S.A.R.L. : sociétés de personnes dont le capital, d'un minimum de 7 622,45 €, est divisé en parts sociales. Les associés, au nombre minimum de deux sont responsables dans la limite de leurs apports et prennent un ou plusieurs gérants chargés de gérer la S.A.R.L.

Service contentieux : 58

Signature : 14

Signification : notification faite par un huissier de justice : 64

Sommation de payer : acte d'huissier ordonnant à une personne de payer une somme d'argent. La sommation peut se faire avant que le créancier ait un titre exécutoire

Stagiaire : 108, 109

Statuts : 78

Suscription : 14

Terme : 124

Titre exécutoire : écrit revêtu de la formule exécutoire forcée (exemple : jugement revêtu de la formule exécutoire)

Traite : effet de commerce par lequel le tireur (le fournisseur) donne l'ordre à une autre personne tirée (le client) de payer à une certaine échéance une somme déterminée : 44

Tri du courrier : 6

Valeurs mobilières : titres négociables émis par des sociétés publiques ou privées et représentant une fraction soit du capital social (action), soit d'un prêt à long terme qui leur est consenti (obligation)

Vérificateur : 80

Virement automatique : 73

Voies d'exécution : 64

Crédits photographiques de couverture : Photodisc ; Eyewire ; Éric Audras, Photoalto, © Archives Nathan.

Maquette de couverture : Favre-Lhaik/K. Fleury

N° d'éditeur : 10149240 - C2000 - Juin 2008
Imprimé en France par EMD S.A.S. – 53110 Lassay-les-Châteaux
N° dossier : 19050